# SORPRÉNDETE CON LOS

# GRANDES
# EXPLORADORES

Biblioteca para niños y jóvenes

# Sorpréndete con los Grandes Exploradores

## Biblioteca para niños y jóvenes

Brendan January

## LIMUSA·WILEY

January, Brendan

Sorpréndete con los grandes exploradores = The New York Library amazing
explorers: A book of answers for kids / January Brendan.
México: Limusa, 2003.
120p. il.; 15 cm.
ISBN: 968-18-6293-7

I. Geografía - Exploradores - Literatura Juvenil

LC: G131                                      Dewey: 910'92'2 dc21

Versión autorizada en español de la obra
publicada originalmente en inglés por John Wiley
& Sons con el título:
AMAZING EXPLORERS / A BOOK OF
ANSWERS FOR KIDS

© Diseño de Portada: Sal Catalano
© John Wiley and Sons. Inc.

Con la colaboración en la traducción de:
MARÍA TERESA GARCÍA ARROYO
Licenciada en Sociología por la UNAM

La presentación y disposición en conjunto de

SORPRÉNDETE CON LOS GRANDES
EXPLORADORES
BIBLIOTECA PARA NIÑOS Y JÓVENES

© 2003, EDITORIAL LIMUSA, S.A. de C.V.
GRUPO NORIEGA EDITORES
Balderas 95, México, D.F.
C.P. 06040
☏ (5) 8503-80-50
01(800) 7-06-91-00
🖷 (5) 512-29-03
🕸 limusa@noriega.com.mx
www.noriega.com.mx

CANIEM Núm. 121

Primera edición
Hecho en México
ISBN 968-18-6293-7

# CONTENIDO

# INTRODUCCIÓN

A lo largo de la historia, los exploradores se han aventurado a lo desconocido, perseverando en ocasiones a pesar del ridículo, las privaciones y la muerte. Sus empeños han permitido ampliar el conocimiento científico, el intercambio de ideas, el establecimiento del comercio y, para bien o para mal, un mayor acercamiento entre los pueblos del mundo.

Hace miles de años, hombres y mujeres se dispersaron por África, Europa y Asia en busca de comida, un clima diferente o para ponerse a salvo de enemigos poderosos. Estos primeros exploradores fueron poblando el mundo hasta que en algún momento atravesaron un puente de hielo para pasar de Siberia a América, y también viajaron en canoas para poblar Australia y las islas del Pacífico Sur. Hace aproximadamente 11 000 años, el hombre habitaba ya todos los continentes, con excepción de la Antártida. En poco tiempo surgieron imperios que comenzaron a dominar diferentes áreas del planeta. Gran parte de las exploraciones fueron motivadas por el deseo de estos imperios de obtener riquezas a través del comercio o la conquista. Los exploradores emprendieron sus viajes en busca de ambos.

Otros exploradores desafiaron el hambre y la fatiga a fin de difundir la gloria de sus dioses. Desde comienzos del siglo XVIII hasta nuestros días, hombres y mujeres han emprendido expediciones de exploración y procurado aventuras por diferentes razones. Algunos, en busca de conocimiento, recorrieron desde las profundidades insondables del fondo marino hasta las impenetrables selvas de África y América del Sur. Hubo también quienes se interesaron simplemente en adentrarse en lugares jamás pisados por el hombre. Al llegar a las imponentes cascadas del lago Victoria o ascender al punto más alto del monte Everest, experimentaron el placer de haber logrado una proeza. A otro tipo de explorador le interesaba la gente. Su curiosidad infinita lo llevó a lugares remotos y con frecuencia peligrosos a fin de describir culturas diferentes.

Los exploradores y aventureros a menudo cambiaron el curso de la historia del mundo al propiciar el contacto de una cultura con otra. Pero fueron pocos los que hicieron verdaderos descubrimientos. Colón, Magallanes y otros héroes exploradores no "descubrieron" los pueblos nativos de América y el Pacífico. Después de todo, estos pueblos habían llegado primero ahí. La mayor parte de las regiones del planeta han estado habitadas desde hace miles de años, y muchas sociedades se relacionaron de manera informal a través del comercio. En la actualidad son pocos los lugares de la Tierra, incluido el continente congelado de la Antártida, que no han sido explorados por el hombre. Por lo tanto, sería más exacto referirse a los "descubrimientos" sorprendentes de los últimos 2000 años como "redescubrimientos".

En este libro se utilizan preguntas y respuestas para narrar las aventuras de los exploradores alrededor del mundo. Desafortunadamente, no es posible incluir todas las historias emocionantes. Si deseas aprender más acerca de algún explorador en particular o de alguna exploración en general, acude a la biblioteca de tu localidad para consultar el material que se señala en la lista de lecturas recomendadas al final de este libro.

¿Quiénes fueron los exploradores de la antigüedad? ◆ ¿Quiénes fueron los fenicios? ◆ ¿Quién fue Hannón? ◆ ¿Qué vio Hannón? ◆ ¿Quién fue Piteas? ◆ ¿Quién fue el general más grande de la antigüedad? ◆ ¿Quiénes fueron los primeros exploradores chinos? ◆ ¿Quién fue Chang Xien? ◆ ¿Qué era la Ruta de la Seda? ◆ ¿Quién fue Fa Kian? ◆ ¿Quién fue Xuan Zang? ◆ ¿Quién fue Ibn Fadlan? ◆ ¿Quién fue Al Ildrisi? ◆ ¿Quién fue Brendan el Navegante? ◆ ¿Quiénes fueron los vikingos? ◆ ¿Quién fue Erik el Rojo? ◆ ¿Cómo descubrieron los vikingos la existencia de América

# EL MUNDO DE LA ANTIGÜEDAD SE AMPLÍA

### ¿Quiénes fueron los exploradores de la antigüedad?

Hace miles de años, vastos imperios surgieron y cayeron en Egipto, Grecia, Italia, Medio Oriente, África del Norte, China e India. Exploradores intrépidos provenientes de estas civilizaciones, como Piteas y Hannón, se aventuraron en tierras y mares desconocidos. En su mayoría salieron en busca de rutas comerciales o de nuevos lugares de asentamiento. Hoy, los estudiosos tan sólo poseen un conocimiento limitado de estos viajes. Hay algunos relatos que sobreviven en textos antiguos. Los arqueólogos han reconstruido otros al recuperar y estudiar artefactos de esas épocas. A pesar de que muchos detalles no están claros, los historiadores han logrado reconstruir algunos de los viajes de la antigüedad, y de esta manera han demostrado que fueron tan emocionantes y temerarios como las exploraciones de los tiempos modernos, si no es que más.

### ¿Quiénes fueron los fenicios?

Los fenicios fueron un pueblo de navegantes que dominó el mar Mediterráneo durante mil años, desde el 1400 a.C. Hábiles en la planeación de rutas y en la navegación en barcos de vela, establecieron asentamientos comerciales a lo largo de las costas de Líbano y África del Norte. Los fenicios transportaban cobre, estaño, plata, aceite de oliva, vino, vidrio, marfil y otras mercancías valiosas desde el extremo oriente del Mediterráneo hasta las costas occidentales de lo que hoy son España y Francia. Para proteger su monopolio marítimo, los fenicios divulgaron rumores e información falsa acerca de sus descubrimientos y rutas comerciales. Describieron océanos hirvientes y monstruos que estaban al acecho en las profundidades.

Según Heródoto, historiador griego, el rey egipcio Nekó II patrocinó las expediciones de los fenicios para circunnavegar África en el año 600 a.C. Los barcos viajaron por el Mar Rojo y se dirigieron hacia el sur al Océano Índico, donde las tripulaciones plantaron varios cultivos, los cosecharon, y después siguieron su camino rodeando el extremo sur del continente. Después de pasar tres años en el mar, los marineros presuntamente entraron al Mediterráneo por su extremo occidental, completando así una de las proezas más grandes de la navegación en la antigüedad. Sin embargo, Heródoto puso en duda el éxito de la expedición, pues escribió: "[A su regreso] referían lo que a mí no se me hará creíble, aunque acaso lo sea para algún otro, a saber, que navegando alrededor [de África] tenían el sol a mano derecha". Heródoto habla en esta descripción de los fenicios, quienes habían llegado en sus barcos tan lejos hacia el sur que el sol brillaba por el norte, circunstancia que para el historiador era imposible.

### ¿Quién fue Hannón?

Hannón fue un almirante de Cartago, una ciudad rica y poderosa fundada por los fenicios en la costa norte de África. Según la propia descripción de Hannón acerca de sus viajes en *Periplo de*

## Barcos de la antigüedad

Los barcos del mundo antiguo, diseñados para mar abierto por lo general eran embarcaciones alargadas y abiertas impulsadas por una gran vela cuadrada y por remos, los cuales se usaban para maniobrar el barco al entrar o salir de un puerto o cuando no soplaba viento. Los egipcios guiaban sus barcos operando un remo grande instalado firmemente a la derecha de la popa de la embarcación, que fue el precursor del timón. Alrededor del año 380 a.C. el historiador griego Jenofonte describió a los barcos fenicios con gran admiración. "¡Qué cantidad de remos, vigas, bicheros, agujas y cornamusas para meter y sacar el barco del puerto!", escribió. "¡Qué cantidad de sogas, cables, guindalezas, cuerdas y aparejos para hacerlo zarpar! ¡Y cuántas provisiones!".

*Hannón*, en algún momento del siglo v a.C. se hizo a la mar con una flota de 60 barcos con 30 000 hombres, mujeres y niños cartagineses a bordo y se dirigió hacia el oeste. Los cartagineses habían luchado recientemente con sus rivales, los griegos, en Sicilia. Su intención era establecer ciudades a lo largo de las costas del norte y el oeste de África para mantener a los griegos lejos de sus rutas comerciales. En el extremo occidental del mar Mediterráneo, la flota atravesó el Estrecho de Gibraltar, un canal que conducía al Océano Atlántico. Dos días después de dejar el Mediterráneo, Hannón fundó la ciudad de Timiaterion en lo que hoy es la costa de Marruecos. Después de esperar la cosecha de los primeros cultivos, Hannón dejó algunos barcos y colonizadores en el puerto y zarpó. Fundó otras cinco ciudades. Los arqueólogos conocen el nombre de dos de ellas, Fortaleza Carion y Acra. Sin embargo, ninguna de estas ciudades ha perdurado hasta nuestros días.

### ¿Qué vio Hannón?

Con dos barcos, Hannón continuó su viaje hacia el sur por la costa occidental de África y descubrió el extenso río Senegal en su desembocadura en el Atlántico. Navegó río arriba para adentrarse en el continente y se maravilló con los cocodrilos e hipopótamos. Más tarde, escribiría que el barco había sido atacado por "salvajes vestidos con pieles de animales. Nos ahuyentaron lanzándonos piedras y nos impidieron llegar a tierra". Lo más probable es que los atacantes fueran habitantes del lugar aterrorizados por el barco de Hannón. Su curiosidad aún no estaba satisfecha y Hannón ordenó que el barco enfilara hacia el sur. El barco atravesó un paisaje de llamas reverberantes y humo, al que Hannón dio el nombre de Carruaje de los Dioses. Los historiadores creen que Hannón vio el monte Kakulima, un volcán que se encuentra en lo que hoy es Sierra Leona. Finalmente, Hannón describió haber visto bestias cubiertas de pelo y con apariencia humana. "Eran en su mayoría mujeres de cuerpo velludo", escribió, "a quienes nuestros intérpretes llamaban gorilas". Si Hannón localizó gorilas, esto significa que llegó al golfo de Guinea y que quizá haya continuado hasta Camerún. Hannón termina su relato diciendo: "Las provisiones se estaban agotando y no pudimos navegar más lejos". La travesía fue un logro increíble. Tuvieron que pasar casi 2 000 años para que los europeos repitieran la hazaña de Hannón.

### ¿Quién fue Piteas?

Piteas fue un astrónomo, navegante y geógrafo que vivió en el siglo III a.C. en la colonia griega de Masalia (hoy Marsella), una ciudad de la costa sureste de Francia. En esa época, la rivalidad comercial entre los fenicios y los griegos era intensa. Los barcos de guerra fenicios protegían celosamente lo que hoy se conoce como el Estrecho de Gibraltar a fin de evitar que los mercaderes griegos llegaran a los puertos de Europa noroccidental. En lugar de realizar un viaje directo por mar, los mercaderes tenían que transportar sus mercancías por tierra atravesando Francia. Piteas se propuso romper el monopolio de los fenicios. A la larga, Piteas eludió a los fenicios y atravesó el estrecho sin riesgos. Es probable que tuviera la intención de encontrar una ruta marítima para transportar estaño, el cual se extraía de las minas de las Islas Británicas y era vital para la producción de bronce. Después de navegar alrededor de la Península Ibérica, que incluye a España y Portugal, Piteas continuó por la costa norte de Francia. Posteriormente, un historiador griego llamado Polibio preservaría el relato de Piteas acerca de su viaje.

Piteas se detuvo en lo que hoy se conoce como Cornualles, la región suroeste de Inglaterra, y describió las minas de donde se extraía el estaño. Escribió que sus habitantes, llamados celtas, eran amistosos, y que le había gustado su cerveza y su licor hecho con miel de abeja. También observó que Inglaterra tenía un clima insufrible, queja que se repite hasta nuestros días. Después de pasar un tiempo indeterminado en Inglaterra, Piteas navegó hacia el norte entre Irlanda y Escocia y se adentró en el Mar del Norte. En este punto, Piteas desembarcó en Islandia o en Noruega (los estudiosos no están seguros). Piteas llamó Thule a estas tierras, y describió el día polar de 24 horas como el "fuego eterno". Por increíble que parezca, Piteas navegó aún más lejos hacia el norte, y sólo se detuvo cuando llegó a un lugar en donde la tierra, el aire y el mar parecían fundirse en un hielo reminiscente de las medusas marinas. Algunos estudiosos creen que Piteas se internó en un área de témpanos y niebla en el Océano Ártico. Des-

## Cómo creían que era el mundo en la antigüedad

Las civilizaciones de la antigüedad, como las de Egipto y Mesopotamia (hoy Iraq), creían que la Tierra era un disco plano rodeado por el océano y cubierto por el domo del cielo. En el siglo VI a.C., Pitágoras, un filósofo y matemático griego, planteó que la Tierra era en realidad una esfera. El famoso filósofo Aristóteles aceptó esta teoría.

En el siglo II d.C., Tolomeo elaboró un mapa del mundo en Alejandría. Incluyó Europa, Medio Oriente y la costa de India, pero subestimó enormemente el tamaño de los océanos. La forma en que concebía al mundo dominó en el conocimiento occidental durante 1 500 años más.

pués de esto, Piteas finalmente volvió al sur y escribió las peripecias de sus viajes en un volumen titulado *Acerca del océano*, el cual se ha perdido. En él, Piteas hizo alarde de su aguda capacidad de observación. Calculó que la distancia desde el norte de Gran Bretaña hasta Marsella era de 1 700 kilómetros, cifra apenas un poco menor que la real de 1 800 kilómetros. También propuso la teoría de que la Luna provocaba las mareas y observó que la Estrella Polar no siempre está arriba del Polo Norte. No se sabe de ningún otro explorador de la antigüedad que haya seguido su ruta, y en esa época sus relatos se dejaron de lado por considerarlos historias exageradas.

### ¿Quién fue el general y explorador más grande de la antigüedad?

A Alejandro Magno, nacido en Macedonia al norte de Grecia en el año 356 a.C., se le recuerda como el más grande de los generales de la antigüedad. También fue el más grandioso de los exploradores de la época. Valiente, arrojado y lleno de curiosidad, Alejandro llevó a la victoria a su ejército griego en una marcha constante por todo el Medio Oriente. Conquistó Egipto, penetró el desierto del Sahara y envió un destacamento de soldados río arriba en el Nilo para descubrir por qué se desbordaba todos los años. En su implacable campaña militar para vencer a sus enemigos, los persas, Alejandro arrasó con todo a su paso por Turquía hasta llegar a Mesopotamia. A lo largo de su recorrido, ordenó a los escribas que describieran los territorios, sus ciudades y su gente. Después de capturar Babilonia, Alejandro y su ejército se dirigieron hacia la región inhóspita y montañosa de Afganistán, donde fundó varias ciudades a las que dio su nombre. A pesar de que ya había rebasado los límites del mundo conocido, Alejandro no pudo resistir la tentación de cruzar el Hindu-Kush, una formidable cordillera de 800 kilómetros de longitud con picos de más de 7 700 metros de altura. En India, Alejandro venció a un ejército local y se maravilló con sus elefantes.

Pero a pesar de que Alejandro ansiaba con vehemencia realizar nuevos descubrimientos, sus hombres comenzaron a rebelarse. Mientras que el sueño de Alejandro era seguir su camino hacia China, sus hombres anhelaban regresar a casa en Grecia. Al final, Alejandro accedió, aunque se cuenta que se retiró a su tienda y rompió en sollozos por la ira y frustración. En lugar de volver por donde había llegado, marchó al sur hacia la costa del Océano Índico, donde dividió su ejército en tres partes. Una de ellas regresaría por barco, mientras que las otras dos marcharían por tierra. El ejército que siguió la ruta central, encabezado personalmente por Alejandro, atravesó la extensión de tierras áridas

*En el año 332 a.C., Alejandro fundó una ciudad en la ribera oeste del delta del río Nilo en Egipto. La ciudad, llamada Alejandría, se convirtió en la capital de Egipto y en un centro de comercio y de la cultura griega. Además, fue ahí donde se construyó un gran faro, una de las Siete Maravillas de la Antigüedad. Es poco lo que se conserva de esta antigua ciudad.*

*continúa en la página 16*

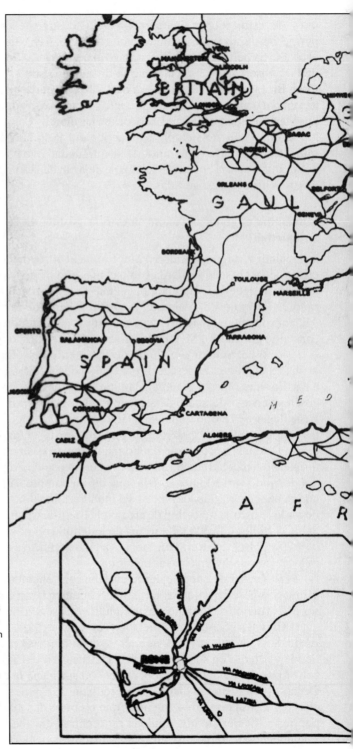

En el siglo III a.C., las exploraciones de Piteas se avivaron por su deseo de encontrar una nueva ruta hacia las ricas minas de estaño en Cornualles, Inglaterra. Ya para el siglo II a.C., en la cumbre del Imperio Romano, una red de caminos en buen estado se extendía desde un extremo del Mediterráneo al otro. Los exploradores de la antigüedad comenzaron a volver su atención de Europa a China y el Oriente.

*continúa de la página 13*

y sin vida, llamada desierto de Makran, un área que hasta hoy evitan los viajeros. El sol ardiente y el paisaje abrasador diezmaron a sus hombres, pero Alejandro sobrevivió. Cuando regresó a Babilonia, Alejandro llevaba siete años en Oriente y había conquistado la mayor parte del mundo conocido. Pero en lugar de descansar, Alejandro ordenó que una flota se aprestara para navegar alrededor de la costa persa. El sueño de Alejandro nunca se realizó. Murió por enfermedad a los 33 años de edad.

### ¿Quiénes fueron los primeros exploradores chinos?

Mientras que los imperios del mundo occidental se expandían hacia el oriente, los exploradores provenientes del Imperio Chino se aventuraban hacia el occidente. El principal motivo que impulsaba a los chinos era establecer contactos en Medio Oriente e India a fin de formar alianzas y comerciar. Pero la religión surgió como un segundo motivo a partir del año 400 d.C. El budismo se

Esta imagen de una moneda muestra el perfil de Alejandro Magno, cuya inexorable búsqueda de aventura y dominio lo convirtió en uno de los exploradores más grandes de la antigüedad. En tan sólo diez años, Alejandró conquistó la mayor parte del mundo conocido antes de que cayera enfermo y muriera a la edad de 33 años.

originó en India en el siglo VI a.C. y se propagó a China. Más tarde, peregrinos chinos viajarían a India a fin de saber más acerca de Buda y de sus enseñanzas.

### ¿Quién fue Chang Xien?

Chang Xien fue uno de los primeros y más famosos exploradores chinos. En el año 138 a.c., el emperador Wu Ti envió a Xien hacia occidente en una misión para encontrar aliados. Pero los hunos, enemigos de China, lo capturaron y lo mantuvieron en cautiverio durante diez años. Escapó y estableció contacto con los Yüeh-Chih, una tribu nómada asentada en lo que hoy es Afganistán. Xien vio nuevamente al emperador chino en el año 116 a.C. Wu Ti le encomendó otra misión al año siguiente. Esta vez con los Wu-Sun, una tribu que habitaba en lo que hoy es el sur de Rusia. En su viaje, Xien recopiló información acerca de Fergana, una ciudad de Uzbekistán, India y Partia (hoy Irán). Cuando Xien completó sus viajes, China había establecido contacto con la civilización fundada por Alejandro Magno. Los imperios romano y chino iniciaron el intercambio de mercancías.

### ¿Qué era la Ruta de la Seda?

La Ruta de la Seda era un trayecto comercial de 6 400 kilómetros de longitud establecido entre las civilizaciones de Roma y China. Las caravanas que transportaban mercancías chinas, especialmente seda, partían del noroeste de China, desfilaban por las ardientes arenas del desierto de Takla Makan, cruzaban las montañas Pamir al norte de India hacia Mesopotamia y llegaban finalmente al extremo oriental del Mediterráneo. Este viaje no lo realizaba una sola caravana, sino que las mercancías pasaban de un grupo a otro, y a menudo transcurrían años antes de llegar a su destino. Los grupos que habitaban en las regiones intermedias de la Ruta de la Seda obtenían enormes ganancias del comercio, y trataron de evitar cualquier contacto directo entre China y el Imperio Romano.

### ¿Quién fue Fa Xian?

Fa Xian nació en la ciudad china de Shansi en algún momento del siglo IV d.C. Cuando era joven, Fa Xian se convirtió en apasionado seguidor de Buda. Tomó la decisión de visitar India para ver el sitio donde Buda había vivido y para conocer los templos y lugares sagrados de la doctrina budista. De acuerdo con un relato escrito por Fa Xian, cuyo título era *Fo Kua Chi* (Relación de los reinos budistas), le tomó más de cinco años realizar el viaje desde China hasta el centro de India. "En el desierto había numerosos

*En el año 97 d.C., los chinos enviaron a un embajador especial llamado Kan Ying con la encomienda de establecer relaciones con Roma. Llegó hasta Partia, hoy Irán, donde le informaron que le tomaría dos años más llegar a Roma. Desalentado, Kan Ying interrumpió su viaje.*

espíritus malignos y vientos quemantes, que le causaban la muerte a cualquiera que se topara con ellos", escribió. "No había ningún pájaro en el cielo, y en la tierra tampoco había animales. Uno miraba hasta donde la vista alcanzaba en todas direcciones buscando un camino qué seguir, pero no había ninguno. Sólo los huesos secos de los muertos servían de señales". Fa Xian describió montañas en las que escaló escarpados riscos de 2 440 metros de altura. En sus palabras, la altura lo "mareaba". Fa Xian realizó relatos invaluables acerca de la vida budista cuando viajó por el valle del río Ganges en India; finalmente regresó a China por barco.

### ¿Quién fue Xuan Zang?

Xuan Zang, un monje budista chino, nació en el año 602 d.C. Al estudiar los textos religiosos del budismo, Zang observó algunas contradicciones. Preocupado, decidió visitar India, la cuna del budismo, para resolver las discrepancias. En el año 629, Zang comenzó su aventura cruzando el norte del Takla Makan, un vasto desierto de arena baldía. Sus acompañantes y su guía pronto lo abandonaron. Avanzando solo con su caballo, Zang siguió las pisadas de los animales y los huesos de camello. Él se perdió pero su caballo, quizá percibiendo agua, lo condujo a Turfan, un oasis en el desierto. Acto seguido, Zang atravesó la cadena montañosa del Hindu-Kush hasta Pakistán y llegó al valle sagrado del río Ganges en India, la tierra sagrada del budismo. En India, Zang visitó los principales sitios relacionados con Buda. Escribió acerca de enormes bibliotecas colmadas de libros, y de mercaderes que comerciaban sedas y alfombras con los persas en el Medio Oriente. Zang pasó 16 años en India. Cuando vovió a China fue recibido por el emperador chino, quien estaba tan impresionado con los relatos del monje budista que le ofreció un cargo en la

## El surgimiento del Islam

En el siglo VII, un árabe llamado Mahoma fundó la religión del Islam. Con asombrosa rapidez, la religión se extendió desde la Península Arábiga hasta India, Turquía, Egipto, el norte de África y España. Al tener el Imperio Islámico presencia en gran parte del mundo conocido, los mercaderes y viajeros musulmanes observaron la vida desde África hasta China. Esto también fomentó los viajes, pues los musulmanes están obligados a hacer por lo menos una peregrinación al sitio santo de La Meca (hoy en Arabia Saudita) durante su vida.

corte. Zang declinó respetuosamente la oferta y dedicó el resto de su vida a traducir al chino la enorme cantidad de documentos budistas que había traído de India.

### ¿Quién fue Ibn Fadlan?

Muchas narraciones árabes de viajes en los siglos VII y VIII están llenas de historias fantásticas de dudosa veracidad. Sin embargo, un viajero llamado Ibn Fadlan, ofreció un relato bastante genuino de su visita a los búlgaros, un pueblo del sur de Rusia que se había convertido recientemente al Islam. En el año 921 d.C., Fadlan fue enviado como consejero de los búlgaros en su nueva religión. Mientras permaneció con ellos, Fadlan observó a los ruses, un pueblo descendiente de los vikingos. Fadlan describió a los ruses como un grupo sucio y primitivo que seguía venerando dioses paganos. Con macabro detalle, Fadlan describió el funeral de un rey, donde una esclava fue sacrificada de manera horripilante y depositada al lado del líder muerto en un barco, para después quemarlo.

### ¿Quién fue Al Idrisi?

Al Idrisi fue un geógrafo y cartógrafo musulmán que vivió en el reino cristiano de Sicilia alrededor del año 1100 d.C. Idrisi había estudiado en España y realizado numerosos viajes por el norte de África, Europa y Medio Oriente. Con el apoyo del rey cristiano Rogelio II de Sicilia, Idrisi acudió a fuentes griegas y árabes para crear un mapa del firmamento y del mundo. Envió expediciones a confirmar sus cálculos y confió en los capitanes de barcos árabes que le dijeron que África estaba en realidad rodeada por agua. Idrisi grabó un mapa del mundo en una placa de plata de 3.6 por 1.5 metros y elaboró otro globo del firmamento. Además escribió un libro acerca de sus viajes, el cual suele conocerse como *El libro de Rogelio* en honor de su rey. El título árabe lo traduce como "La grata excursión de alguien que ansía recorrer las regiones del mundo". La obra de Idrisi representaba la culminación de la cartografía arábiga.

### ¿Quién fue Brendan *el Navegante*?

En algún momento entre el año 500 y el 800 d.C., unos monjes cristianos provenientes de Irlanda viajaron a Europa y posiblemente surcaron el Océano Atlántico para difundir el cristianismo. Navegaron en *curraghs*, botes con un armazón de mimbre recubiertos con pieles de animales. En el siglo VI, un monje llamado Brendan navegó hasta las Hébridas, archipiélago situado frente a las costas escocesas, a Escocia y posiblemente a Gales y a

## Embarcaciones árabes

Los mercaderes árabes surcaron los océanos en veloces barcos equipados con velas latinas, lo que significa que éstas colgaban diagonalmente y no al modo de los barcos occidentales, esto es, en derechura. Estas veloces embarcaciones le permitieron a los árabes dominar las rutas comerciales entre China, Medio Oriente y Europa.

Bretaña, Francia. De acuerdo con una epopeya irlandesa titulada *Navigatio Brendani* (El viaje de Brendan), también condujo una expedición por el Océano Atlántico hasta la "Tierra Prometida de los Santos". Los historiadores han especulado que esa tierra es Islandia o las Islas Canarias frente a la costa noroeste de África. Hoy se le recuerda como *san Brendan el Navegante.*

En esta representación medieval puede verse a san Brendan navegando por el Océano Atlántico.

### ¿Quiénes fueron los vikingos?

Los vikingos fueron un pueblo impetuoso, fuerte y valiente de Escandinavia, las gélidas tierras del noreste de Europa. Viajando en barcos largos y angostos de velas cuadradas y remos, los vikingos asolaron Escocia, Gales, Inglaterra, Irlanda y las costas del noreste de Europa aproximadamente desde el año 800 al 1100 d.C. Saqueaban monasterios, masacraban a los monjes, robaban el oro y llevaban comida a sus barcos antes de desaparecer nuevamente en las aguas oscuras del Mar del Norte. Aproximadamente desde el año 790 d.C., los vikingos aterrorizaban el noreste de Europa, incluso viajaron al oriente y al sur atravesando Rusia para establecer contacto con los mercaderes árabes de Bagdad. En los siglos IX y X, la tierra se volvió un bien escaso en Escandinavia, y algunos vikingos comenzaron a emigrar a tierras extranjeras. Impulsados por la necesidad de tierras y por el hambre de riqueza y aventura, este pueblo intrépido se dirigió hacia el occidente convirtiéndose así en los primeros europeos en descubrir y colonizar América del Norte, casi 500 años antes de que zarpara Colón.

### ¿Quién fue Erik el Rojo?

Aproximadamente hacia el año 860 d.C., los marineros vikingos dieron cuenta de una gran isla deshabitada ubicada en línea recta al oeste de Noruega. Pronto, una expedición confirmó que una isla de fiordos helados, montañas y llanuras verdes estaba libre

## Tim Severin

Tim Severin nació en 1940 y estudió en la Universidad de Oxford en Inglaterra. Intrigado por las primeras exploraciones, trató de repetir los viajes en barcos que tuvieran el mismo diseño y construidos con los mismos materiales que los barcos de la antigüedad. En 1976-1977 demostró que san Brendan pudo haber cruzado el Océano Atlántico en un *curragh*, pues el propio Severin construyó uno e hizo la travesía de Europa a América del Norte. Saliendo de Irlanda, navegó hacia Islandia, después se dirigió a Groenlandia y finalmente llegó a Terranova. Después regresó a Irlanda siguiendo la misma ruta. Severin también confirmó que el relato que se escribió posteriormente acerca del viaje de san Brendan era congruente con su propia experiencia. Para probar que los chinos pudieron haber viajado a América del Norte hace miles de años, Severin construyó una embarcación de bambú y trató de atravesar con ella el Océano Pacífico en 1995. Sin embargo, ese viaje no tuvo éxito, y Severin se vio obligado a regresar.

para ser colonizada. Alrededor del año 930 d.C., 20 mil colonos vikingos habitaban ya en la isla, llamada Islandia. Uno de ellos era un exiliado de Noruega, conocido como *Erik el Rojo*. Erik era un hombre apasionado, y su temperamento explosivo se reflejaba en la intensidad del fiero color de su cabello y barba. Había matado a un sujeto durante una disputa, por lo que fue expulsado del pueblo. Cambió de residencia, pero una vez establecido mató en otra pelea a dos de los hijos de su vecino. Los vikingos le ordenaron a Erik abandonar Islandia durante tres años. Erik enfrentó una decisión difícil. No podía volver a Noruega, pero tampoco podía permanecer en Islandia. Con la audacia que le caracterizaba, decidió hacerse a la mar hacia el oeste en compañía de su familia y 30 colonizadores. Había escuchado historias acerca de la existencia de otra isla en el Atlántico. Después de cuatro días en el mar, Eric observó una costa de montañas cubiertas de hielo y nieve. Erik ordenó que el barco navegara hacia el sur, con la esperanza de encontrar tierras cultivables. Pronto rodeó el extremo sur de la isla y pudo observar campos rebosantes de pasto. Erik ordenó que el barco se detuviera ahí, y las familias empezaron a construir sus hogares y a sembrar cultivos. Después de tres años, Erik regresó a Islandia en busca de más colonizadores. Astutamente, llamó Groenlandia ("Las Tierras Verdes") a la nueva isla, consciente de que el nombre atraería colonizadores. En el año 986 d.C., 14 barcos con 450 vikingos regresaron con Erik y se establecieron en granjas que pronto se extendieron a lo largo de 190 kilómetros en la costa de Groenlandia.

### ¿Cómo descubrieron los vikingos la existencia de América?

Mientras navegaba de Islandia a Groenlandia, un barco vikingo se desvió de su curso hacia el occidente y relató la existencia de inciertas tierras desconocidas. Las noticias acerca de esta visión pronto llegaron a oídos de los vikingos de Groenlandia. Leif Eriksson, el hijo de *Erik el Rojo*, era tan intrépido e inquieto como su padre. Reunió a 35 vikingos para emprender un viaje en el mar a fin de saber más acerca de este misterioso lugar.

### ¿Cómo colonizaron los vikingos América?

Después de varios días en el mar, Leif divisó una isla desierta, a la que llamó Helulandia, o "Tierra de la Piedra Plana", que hoy se conoce como la Tierra de Baffin y está situada frente a la costa norte de Canadá. Leif y los vikingos continuaron su viaje hacia el sur y observaron una región boscosa con extensas playas. Leif la llamó Markland o "Tierras Boscosas". Los vikingos continuaron su travesía y en una isla encontraron un lugar adecuado para pasar el invierno. Erigieron un pequeño poblado, al que Leif bauti-

Leif Eriksson, un antiguo escandinavo, condujo la primera exploración vikinga hacia América del Norte y estableció una colonia en Terranova.

zó con su nombre como Leifsbudir. Estaban encantados de encontrar ríos pletóricos de salmones y vides silvestres colmadas de frutos que crecían en los alrededores. Cuando los vikingos abandonaron el lugar al llegar la siguiente primavera, Leif llamó Vinland a estas tierras, que quiere decir "La Tierra del Vino". Hoy se les conoces como Terranova. La siguiente primavera, Thorvald, hermano de Leif, siguió la ruta de éste. El viaje fue menos afortunado. Los vikingos se enfrascaron en una batalla con los indios americanos, y Thorvald murió por heridas de flecha.

*Con viento favorable, los vikingos podían viajar por mar desde Groenlandia hasta sus colonias en América del Norte en tan sólo dos semanas. En 1998, un grupo de hombres construyó una réplica de un barco vikingo y realizaron el viaje, el cual les tomó tres meses.*

En el año 1009, aproximadamente 250 vikingos se establecieron en Vinland, constituyendo el primer asentamiento europeo en América del Norte. Pero los indios hostiles fueron la perdición de la colonia y ésta fue abandonada tan sólo cuatro años después. La población vikinga de Groenlandia también terminó por desaparecer al final del siglo XV, cuando los inviernos se recrudecieron y una combinación de enfermedades y ataques de esquimales acabaron con la población.

Las noticias acerca del descubrimiento de América del Norte por los vikingos no se difundieron en el resto de Europa. Cuando otros europeos volvieron a navegar por el Océano Atlántico en los siglos XV y XVI, se sorprendieron con lo que encontraron.

### ¿Quién fue Ibn Batuta?

Ibn Batuta nació en Marruecos, en la costa noroeste de África, en el año 1304, y llegó a ser uno de los viajeros más importantes de la historia. Como parte de su deber religioso como musulmán, emprendió una peregrinación a La Meca, hoy Arabia Saudita, en 1325. En este viaje, Batuta experimentó la primera emoción de lo que se convertiría en una pasión por los viajes durante toda su vida. Prometiendo solemnemente "nunca recorrer dos veces el mismo camino", Batuta recorrió más de 120 mil kilómetros por todo el vasto Imperio Islámico, el cual se extendía desde España hasta India. Escribió el relato de sus experiencias en el *Riblah*, uno de los libros de viajes más famosos jamás escritos.

Batuta permaneció tres años en La Meca, estudió leyes y partió hacia Bagdad en Mesopotamia. Al abandonar Bagdad se dirigió hacia el sur hasta Yemen y navegó siguiendo la costa oriental de África. Estableció contactos comerciales y acumuló riquezas. Regresó al norte y viajó a Turquía, en donde los gobernantes locales lo recibieron reconociéndolo como un sabio musulmán. Después Batuta partió hacia el oriente, atravesó Irán, Georgia, Armenia y Afganistán. El clima inclemente y el frío penetrante no lo desanimaron. En una ocasión tuvo que usar al mismo tiempo tres abrigos y dos pantalones. La voluminosa ropa era tan estorbosa que tenían que ayudarlo a montar el caballo. Viajó a través de las montañas del Hindu-Kush y llegó a India. El gobernante de Delhi lo nombró embajador para ir a China. Batuta cargó un barco con regalos para el emperador chino, pero naufragó, y sus regalos y posesiones terminaron en el fondo del océano. Finalmente llegó a Pekín, pero el emperador ya no estaba ahí. Sin darse por vencido, Batuta exploró Ceilán, Bengala y Java antes de regresar por fin a su hogar en Marruecos, donde fue recibido como héroe. Pasó los últimos años de su vida relatando sus extraordinarios viajes a un escriba. Murió en paz a la edad de 73 años.

### ¿Quién fue Cheng Ho?

Mientras el Imperio Islámico se extendía desde España hasta India, los barcos chinos viajaban a Japón, Arabia e incluso al extremo sur de África. Los marineros chinos viajaban en juncos, algunos de los cuales eran barcos gigantes que desplazaban más de 1 000 toneladas. (Los barcos de Colón desplazaban en promedio 100 toneladas.) Los estudiosos no saben con precisión cuándo llegaron los chinos a las costas de África, pero algunos textos permiten suponer que fue a principios del siglo IX. En el siglo XV, un explorador chino de nombre Cheng Ho dirigió siete exploraciones marítimas y llegó a las islas de Java y Sumatra, las costas de India y a varios puertos en Persia, donde los musulmanes estaban sorprendidos por el tamaño de la flota china. Es posible que barcos de Cheng Ho hayan viajado alrededor de África y explorado la parte oeste del continente décadas antes de que los europeos llegaran al extremo sur del mismo. Pero estas fueron las últimas expediciones chinas. El confucianismo, que menospreciaba al mundo exterior, se estaba convirtiendo en la filosofía dominante en China, provocando que los chinos abandonaran sus exploraciones y se volcaran en busca de una vida interior y paz espiritual. Más o menos en esta época, Europa empezaba a salir plenamente de su anterior aislamiento.

### ¿Quién fue Marco Polo?

Marco Polo nació en Venecia, Italia, en el año 1254 en una familia de comerciantes en joyas. Cuando Marco tenía 17 años, su papá y su tío lo llevaron a un viaje que duraría 24 años y que abarcó gran parte del mundo occidental y oriental. La noticia de sus viajes a Medio Oriente y China se difundiría más tarde por toda Europa, cautivando la imaginación de reyes y exploradores y contribuyendo así a inaugurar la Era de la Exploración siglos más tarde.

Marco, su padre y su tío salieron de Venecia en 1271. Durante los tres años siguientes recorrieron la ruta de las especias, atravesando Turquía, Irán, Afganistán, las montañas Pamir y las ardientes arenas del desierto de Gobi. Marco hizo anotaciones de sus observaciones: aceite negro quemado para alumbrar, tormentas de arena cegadoras que parecían cantar y bandidos a caballo que atacaron y capturaron a gran parte de su caravana. Los Polo apenas escaparon con vida. Después de viajar cerca de

12 870 kilómetros, llegaron a Catay, o China, que entonces era gobernada por el poderoso kan Kublai.

### ¿Qué vio Marco en Oriente?

Marco estaba maravillado por la magnificencia de la corte real del kan. El rey atendía a 40 mil invitados en banquetes en los que se servían docenas de platos de carne y pescado. El kan desarrolló un afecto especial por el inteligente joven italiano, y lo nombró su representante en varias partes del imperio. Marco vio las maravillas del mundo oriental —palacios magníficos, sedas exquisitas, jarrones de porcelana y papel moneda— que aún no se conocían en Europa, y practicó la caza en un parque inmenso con leopardos y halcones. El kan gobernaba sus 34 provincias enviando mensajes a través de una compleja red. Aproximadamente cada 40 kilómetros, mensajeros y veloces caballos esperaban los mensajes del kan. Cuando llegaba uno, lo llevaban rápidamente al siguiente puesto, asegurándose de que las órdenes del gobernante llegaran con prontitud y a salvo. Marco también observó el estilo de vida de los tártaros, un pueblo de jinetes nómadas que vivían en las vastas llanuras de las estepas asiáticas. Llevaban tiendas que se levantaban fácilmente para transportarlas y que estaban cubiertas con grasa animal para impermeabilizarlas. También utilizaban leche en polvo. Cuando realizaban un viaje largo, los tártaros mezclaban la leche en polvo con agua en un saquillo. Después de un día de viaje, la mezcla se había convertido en un atole ligero que tomaban en la comida.

El kan Kublai estimaba tanto a Marco que al principio se negó a permitir el regreso de los Polo a Europa. Sin embargo, en el año 1292 el kan, muy a su pesar, consintió en que partieran. Esta vez, los Polo hicieron por mar la mayor parte del viaje de regreso, navegando alrededor de la costa de India.

### ¿Cómo inspiró Marco a otros exploradores?

Cuando Marco Polo volvió a Venecia en el año 1295, contó historias fantásticas de lo que había visto. Esto provocó el desdén de algunos y que lo acusaran de exagerado. Para los venecianos, las descripciones de Marco eran divagaciones infundadas propias de la imaginación de un niño. Sin embargo, Marco insistió en que sus historias eran verdaderas. En su lecho de muerte, dijo: "No he contado ni siquiera la mitad de lo que vi". Hoy no conoceríamos el nombre de Marco Polo si no lo hubieran capturado durante la batalla de Venecia contra la ciudad rival de Génova. En prisión, Marco compartió sus historias con su compañero de prisión de nombre Rustichello de Pisa, quien era escritor de novelas. Rustichello escribió los relatos de Marco y los imprimió en un libro llamado *La descripción del mundo*. Más tarde, estas historias inspirarían a toda una generación de exploradores europeos a salir en busca de las riquezas y las maravillas de Oriente. Hubo un capitán de barco que leyó todo el libro y escribió cuidadosamente algunos apuntes. Incluso llevó el libro con él cuando se embarcó en un temerario viaje hacia el oeste para cruzar el Océano Atlántico, su nombre era Cristóbal Colón.

# DESCUBRIMIENTO DE NUEVAS TIERRAS

### ¿A qué se le conoce como la Era de la Exploración Europea?

Sabemos de muchos exploradores y viajeros de Medio Oriente, África y China antes del siglo XV. Pero durante ese siglo, los progresos en la exploración ocurrieron en un lugar relativamente aislado del mundo: Europa Occidental. En los albores del siglo XV, la mayoría de los europeos cultivaba la tierra y poco sabía del mundo más allá de sus pueblos. Las costas de África no aparecían en las cartas de navegación. Los europeos desconocían la existencia del continente americano. China, Japón e India eran tierras misteriosas descritas en leyendas y canciones. Excepto por las generaciones de pescadores furtivos, los marineros no se atrevieron a aventurarse en los mares oscuros y sin explorar, donde muchas personas creían que había monstruos al acecho y que el mar hervía.

Pero durante un periodo de 100 años, aproximadamente de 1450 a 1550, un puñado de exploradores europeos saldría al encuentro de gran parte del mundo, y dejaría constancia de ello en los mapas que elaboraron: las costas de África y Asia, América y el vasto Océano Pacífico salpicado de islas. El mapa medieval fue reemplazado por el globo grabado con los contornos poco precisos de los continentes.

## ¿Qué propició la Era de la Exploración?

Varios avances tecnológicos y cambios de actitud estimularon la Era de la Exploración: mejores barcos, avances en la navegación y una nueva ambición por aprender más acerca del mundo. Pero lo más importante era que los europeos querían especias exóticas que hicieran deleitables sus comidas y conservaran sus carnes, pues sin refrigeración éstas se echaban a perder rápidamente. Desde la época de los romanos, la canela, el jengibre, la nuez moscada y la pimienta habían llegado a Europa desde las tierras de Oriente, donde la mayoría de las especias florecía en su clima cálido y húmedo. La ruta comercial por tierra era larga, difícil y peligrosa. Los mercaderes árabes llevaban las especias a través de montañas y desiertos del Medio Oriente y las transportaban por barco a través del mar Mediterráneo hasta los puertos italianos, especialmente el de Venecia. Cada vez que las especias pasaban a manos de un nuevo transportador, su precio aumentaba. Al momento de llegar a las ciudades europeas, las especias eran muy caras. La pimienta se valuaba en plata y la nuez moscada era tan valiosa como el oro. A fin de conseguir que la riqueza de las rutas comerciales fuera en beneficio propio, los europeos comenzaron a buscar una ruta marítima que los llevara a las "Indias".

## ¿Qué eran las Indias?

Los europeos utilizaban el nombre de "Indias" para referirse a las tierras de Japón, China, India y de los cientos de islas esparcidas entre ellas.

## ¿Quién fue Cristóbal Colón?

Poco se sabe de los primeros años de Colón, a excepción de que nació en el año 1451 y que creció en la ciudad italiana de Génova, un puerto bullicioso en el que los muelles estaban llenos de mástiles de barcos y las calles inundadas de marineros y capitanes. Colón se hizo marinero en las flotas pequeñas que transportaban mercancías desde Génova al resto del mundo. En 1476, su barco fue atacado por naves de guerra francesas y portuguesas. Después de que el barco se hundió, Colón nadó diez kilómetros hasta la costa de Portugal. El desastre se convirtió en el suceso más afortunado de su vida. Viajó a Lisboa, una ciudad portuaria portuguesa que era el centro de la exploración y del comercio marítimo. Ahí, Colón aprendió matemáticas, navegación y astronomía, y participó en varias expediciones por mar. En la década de l480, Colón consideró una idea radical. Al reconocer que la Tierra era una esfera, razonó que se podía llegar a las Indias por occidente atravesando en barco el Océano Atlántico. Hasta entonces, los marineros europeos dirigían sus barcos hacia el sur y el oriente, tratando de llegar a las Indias navegando alrededor o a través de África. Por años, Colón trató de convencer a los monarcas europeos para que financiaran su viaje. Los reyes turnaban el asunto a sus consejeros. Algunos pensaban que era demasiado riesgoso. Otros argumentaban con razón que Japón y China quedaban a miles de kilómetros de distancia y demasiado lejos para un viaje por mar. En Inglaterra, los consejeros del rey Enrique VII desecharon sin más los planes de Colón por considerarlos "una broma". Finalmente, Colón encontró en la reina Isabel de España una interlocutora que simpatizaba con sus ideas, pero en esa época los españoles peleaban contra los moros (musulmanes españoles) al sur de España. En enero de 1492, se rindieron los últimos moros, e Isabel y su esposo, el rey Fernando, pudieron proveer a Colón de víveres, marineros y tres carabelas para su viaje: la *Niña*, la *Pinta* y la *Santa María*.

### ¿Qué encontró Cólon?

Durante semanas, los tres pequeños barcos navegaron hacia el occidente. Conforme el mar se alargaba, la tripulación comenzó a quejarse e inició un rumor de motín. Colón los animaba, trataba de convencerlos y los amenazaba. El 12 de octubre de 1492, después de seis semanas en el mar, un vigía de la *Pinta* vislumbró el tenue resplandor de una playa que brillaba con la luz de la Luna. ¡Tierra! Colón y sus compañeros se dirigieron hacia la playa y colocaron estandartes en la arena, reclamando la tierra para España. Convencido de que en realidad había llegado a las Indias, Colón llamó "indios" a los habitantes de las islas, apelativo que los nativos de América han conservado durante siglos a partir de entonces. Colón dedicó los dos meses siguientes a explorar las Bahamas y las costas de Cuba y La Española. Capturó a seis indios y embarcó una colección de pequeñas alhajas de oro, pericos de colores y otros testimonios de sus descubrimientos. Después partió de regreso a España. Llegó en marzo y fue recibido como héroe; las noticias acerca del descubrimiento se esparcieron por toda Europa.

*A pesar de haber realizado cuatro viajes, Colón nunca supo que había llegado a un nuevo continente. Murió creyendo que había encontrado una ruta hacia las Indias.*

### ¿Quién fue el primer explorador europeo que encontró una ruta marítima hacia las Indias?

Mientras toda Europa hablaba con gran emoción de los descubrimientos de Colón, los españoles comenzaron a considerar sus

## El arte de la navegación

Durante siglos, los marineros europeos navegaron entre los puertos del mar Mediterráneo. Debido a la prominencia de Italia en el comercio, muchos de los primeros grandes exploradores —Colón, Giovanni y Sebastián Caboto (también se le conoce como Cabot), Vespucio y Verrazano— fueron italianos. Los capitanes de barco de la antigüedad dirigieron sus embarcaciones guiándose por las estrellas, el Sol, su experiencia y varios instrumentos, incluyendo el astrolabio, que permitía a los navegantes medir el ángulo del Sol y las estrellas para así determinar su latitud. Pero en el siglo XI, un nuevo instrumento, la brújula, permitió a los capitanes navegar con precisión independientemente del clima o de la hora del día. No obstante, los navegantes experimentados siguieron apoyándose en una táctica llamada "navegación a estima". Al estimar la velocidad del barco, el navegante calculaba la distancia recorrida en un día y la registraba en un mapa. La navegación a estima nunca fue exacta y se apoyaba principalmente en el instinto del marinero y en su conocimiento del mar.

historias como un fraude. No les impresionaba la descripción de Colón acerca de las espléndidas tierras vírgenes. Ellos querían oro y especias, e incluso después de cuatro viajes, Colón sólo hablaba de selvas exuberantes y ciudades de chozas de barro.

Al tiempo que España se concentraba en navegar hacia occidente, un grupo de exploradores portugueses se aventuraron hacia el sur, siguiendo con cautela la costa de África. Se le otorgó a Estevão da Gama el mando de una expedición, pero murió antes de que el viaje comenzara. La encomienda pasó a manos de su hijo Vasco da Gama, un capitán que había peleado con éxito contra los franceses en la costa de Guinea. En 1497 Da Gama dirigió cuatro barcos alrededor del tormentoso extremo sur del continente y se adentró en el Océano Índico. En mayo de 1498 desembarcó en Calicut, el puerto más rico y poderoso cerca del extremo sur de India. Da Gama había descubierto una ruta marítima hacia las Indias. Para su regocijo, las bodegas de Calicut estaban llenas de oro, plata, rubíes, perlas, zafiros, sedas finas y costales de especias. El rey de Calicut recibió a Da Gama con grandes ceremonias y escribió un mensaje en una hoja de palmera para su viaje de regreso a Europa. "Mi país es rico en canela, clavo, jengibre pimienta y piedras preciosas", escribió. "Lo que les pido a cambio es oro, plata, corales y ropa escarlata".

Da Gama regresó a Portugal con sus barcos repletos de mercancías. Sólo sus tiendas de pimienta le reportaron 27 veces el precio que él había pagado en India. Los mercaderes venecianos y árabes no daban crédito, pero era un hecho que su monopolio de especias había recibido un golpe mortal. Da Gama, al igual que Colón en España, fue aclamado como héroe nacional. Sus instrumentos de navegación, mapas y cuadernos de bitácora del viaje fueron puestos bajo llave y vigilados celosamente. Portugal no tenía la intención de compartir las riquezas del comercio oriental con sus rivales europeos. Las demás potencias de Europa tendrían que encontrar por sí mismas la ruta hacia India.

### ¿En qué consistió el Tratado de Tordesillas?

España y Portugal pronto entraron en disputa por los reclamos de ambos en el Nuevo Mundo. En 1493, el papa Alejandro VI aprobó una frontera que se extendía desde el Polo Norte hasta el Polo Sur. Recorría aproximadamente 482 kilómetros al oeste de las Islas de Cabo Verde. Se le cedieron a España todos los reclamos al oeste de la línea. Todo lo que estaba del lado este fue para Portugal. Los dos países firmaron el tratado el 7 de junio de 1494. En 1506, los portugueses declararon que el tratado era injusto, y la línea se movió aproximadamente 1 600 kilómetros al oeste de Cabo Verde, permitiéndole a los portugueses fundar una colonia en Brasil, América del Sur. Ninguno de los demás países dedicados a la navegación, Inglaterra, Francia, Suecia u Holanda, reconoció el tratado.

### ¿Quién fue Giovanni Caboto?

Poco se conoce de la infancia y la juventud de Giovanni Caboto. Hacia 1461, Caboto se convirtió en ciudadano de Venecia y trabajó para una firma comercial. Adquirió conocimiento del mar en los viajes que realizó entre Venecia y la región oriente del Mediterráneo, incluso llegó hasta La Meca, el gran centro musulmán en Arabia. Algunos historiadores creen que Caboto pensaba llegar a las Indias navegando hacia occidente cuando Colón regresó de su primer viaje en 1493. Caboto pensaba que si navegaba más hacia el norte, el viaje sería más corto debido a la curvatura de la Tierra. En marzo de 1496, el rey inglés Enrique VII, deseoso de alcanzar a Portugal y España en la exploración, autorizó a Caboto la realización de su plan. En mayo de 1497 Caboto salió de Bristol en un pequeño barco con su hijo Sebastián y 20 marineros. Aproximadamente un mes después Caboto divisó tierra, posiblemente el extremo norte de Terranova, la isla gigantesca frente a la costa de Canadá. Bajó a tierra con sus hombres, los primeros ingleses en pisar el suelo de América del Norte, y reclamó esas tierras en nombre del rey Enrique VII. Convencido de que había llegado a las Indias, Caboto volvió triunfante a Inglaterra. Explicó que la tierra estaba cubierta de bosques y que los mares rebosaban de peces. Bautizó al territorio como "Terranova". Emocionado por su éxito, Caboto planeó otro viaje, esta vez con cinco barcos y más de 200 hombres. Estaba determinado a llegar a Japón. Poco se sabe acerca de este segundo viaje, excepto que partió en 1498 y que uno de sus barcos se detuvo en Irlanda para reparación. Los otros cuatro barcos, con Caboto a bordo de uno de ellos, nunca regresaron.

### ¿Cómo continuó Sebastián, el hijo de Caboto, la exploración?

Sebastián no acompañó a su padre en el viaje desastroso de 1498, sino que en 1508 estuvo al frente de una expedición inglesa hacia América del Norte. Siguiendo la ruta de su padre, Sebastián llegó a Terranova y navegó hacia el norte en busca de un pasaje que lo condujera de América del Norte a las Indias. Encontró un gigantesco estrecho que conducía al oeste, pero el hielo del invierno lo obligó a regresar a Inglaterra a principios de 1509. Ahí, el nuevo rey, Enrique VIII, mostró poco entusiasmo por la exploración.

# ¿De dónde viene el nombre de América?

Américo Vespucio, un italiano, se mudó a España en 1492 y abrió un negocio para financiar viajes por barco. Lo más probable es que Vespucio se encontrara en España cuando Colón volvió triunfante de su primer viaje. Cuando se planeaban nuevos viajes, Vespucio reunía aparejos, barcos, tripulaciones y fondos. Al final, Vespucio, cansado de escuchar a otros describir las maravillas del "Nuevo Mundo" decidió ver por sí mismo esas tierras. Cuándo y con qué frecuencia navegó Vespucio sigue siendo tema de debate entre los historiadores. Realizó por lo menos dos viajes entre 1499 y 1504. En el primero, para España, navegó a lo largo de la parte norte de América del Sur y en el Caribe. En la segunda expedición, esta vez al servicio de Portugal, navegó hacia el sur a lo largo de la costa este de América del Sur. Durante estos viajes, Vespucio se percató de que la enorme masa de tierra no era Asia, sino una extensa región nueva antes desconocida por los europeos. Vespucio escribió un relato de sus viajes en un panfleto. En 1507, un cartógrafo alemán llamado Martin Waldseemüller imprimió de nuevo el panfleto añadiéndole una introducción en la que proponía que las nuevas tierras se llamaran "América" en honor de Vespucio. El nombre, que primero se utilizó únicamente para referirse a América del Sur, pronto se hizo extensivo al continente completo.

## La vida en el mar

Los marineros de la Era de la Exploración enfrentaron dolor y privaciones increíbles, y posiblemente una sepultura en el agua. Podían naufragar y padecer hambre, ser asesinados por nativos hostiles o morir en batalla. Sus embarcaciones podían ser lanzadas contra las rocas al borde de las playas o ser tragadas por las tormentas en el mar. Podían pasar semanas enteras de hastío, sin viento y con las velas colgando con desgano. Sufrieron enfermedades como viruela, disentería y la peste. El escorbuto, que causaba el ennegrecimiento e inflamación de las encías, la caída de los dientes y el debilitamiento de las extremidades, mató más marineros que los naufragios. La tripulación esperaba ansiosa una comida caliente al día, que por lo general se servía alrededor de mediodía. En el mar, la dieta del marinero consistía fundamentalmente en carne de cerdo salada y un pan hecho de harina, sal y agua. Los depósitos de comida se infestaban de gusanos, ratones y ratas, y una queja frecuente de los marineros era que la comida olía a orines de ratón. Para aliviar la sed, los marineros bebían agua o vino. Éste se avinagraba y el agua a veces estaba tan sucia que se apretaban la nariz para beberla. El tiempo se medía con un reloj de arena. Cuando se vaciaba una de las mitades, por lo general después de aproximadamente cuatro horas, un muchacho anunciaba en voz alta la hora y volteaba el reloj. Los marineros hacían turnos, unos trabajaban mientras otros descansaban o comían. No tenían un lugar especial para dormir, simplemente elegían algún sitio en el piso inferior del barco y trataban de dormir lo más cómodos posible. Esta situación cambió para bien cuando los marineros copiaron a los indios su forma de dormir, esto es, en hamacas.

Frustrado, Caboto fue a España, en donde permaneció durante los siguientes 30 años. En 1456, dirigió una expedición española para encontrar una ruta más corta alrededor del mundo que la de los marineros de Fernando de Magallanes, quienes realizaron el viaje en 1522. Pero Caboto sólo llegó a Brasil, en donde escuchó relatos de un reino opulento tierra adentro. Abandonó su misión y navegó por los ríos de Paraguay. No encontró nada y volvió a España de un viaje infructuoso y sumido en la ignominia. Después de su fracaso, Caboto regresó a Inglaterra y dirigió dos viajes más a América del Norte. Falló una vez más en su intento de encontrar un pasaje que condujera a las Indias. En su último viaje, intentó navegar al norte rodeando Finlandia para llegar a Rusia. Se vio obligado a regresar, aunque su perseverancia le ganó el título de "el conocedor más experimentado de la Era de los Descubrimientos".

## ¿Quién fue Fernando de Magallanes?

Los portugueses controlaban las rutas comerciales alrededor de África y hacia India, obligando a los españoles a buscar una ruta que los llevara a las Indias por occidente. A principios del siglo XVI se dieron cuenta de que Colón no había llegado a China ni a las Islas de las Especias sino a un nuevo continente que tenía un vasto océano al otro lado. En vano intentaron encontrar un río o un estrecho que les permitiera atravesar la gran masa de tierra continental.

Con la esperanza de descubrir una ruta occidental hacia las Indias, el rey español Carlos I aprobó una expedición dirigida por el capitán portugués Fernando de Magallanes, quien nació en 1480 en Sabrosa, Portugal. A la edad de 12 años, Fernando ingresó a la Escuela de Pajes, donde estudió música, esgrima, baile, y aprendió a conducirse en la corte real. También aprendió astro-

Fernando de Magallanes es considerado como el primer hombre que circunnavegó el mundo. Sin embargo, su muerte en Filipinas durante la expedición no le permitió llegar a disfrutar la gloria de su hazaña.

## Velocidad en nudos

En el siglo XVI, los capitanes empezaron a utilizar una cuerda con nudos hechos a intervalos regulares en cuyo extremo ataban un madero que arrojaban por la popa del barco en movimiento. El madero jalaba continuamente la cuerda, desenrollándola, conforme el barco avanzaba. Al contar el número de nudos que habían caído al agua después de media hora, el capitán podía calcular la velocidad de la nave. Hoy la velocidad de los barcos se sigue midiendo en "nudos", cuya longitud se ha estandarizado aproximadamente en 1852 metros.

nomía, navegación y matemáticas. El sueño de Magallanes era explorar el mar. A los 24 años ingresó a la armada portuguesa como simple marinero. La armada partió a las Indias para atacar a mercaderes y puertos árabes en un intento por destruir su papel en el comercio de especias. Sus superiores observaron la valentía de Magallanes en combate, pero por alguna razón desconocida hasta hoy, el rey Manuel de Portugal lo odiaba, razón por la cual sus planes de exploración se vieron frustrados. Al final, Magallanes viajó a España para ofrecer sus servicios. Persuadió al rey Carlos de la existencia de un pasaje en América del Sur que conducía a las Indias. Encantado por la posibilidad de ampliar el dominio de España, el rey Carlos aceptó patrocinar el viaje de Magallanes.

### ¿Cómo logró Magallanes circunnavegar el mundo?

En septiembre de 1519 cinco barcos tripulados por 250 marineros salieron de España en medio de estruendosas salvas de cañón. El barco de Magallanes iba a la cabeza. "Sigan mi bandera de día y mi linterna de noche", les ordenó a los demás capitanes. La expedición cruzó el Océano Atlántico y sondeó la costa de Brasil en busca de un pasaje. No obstante, la línea costera, cubierta por una selva espesa, se extendía hacia el sur sin interrupción. Conforme siguió avanzando hacia el sur, se fue formando hielo en los aparejos, y entre la tripulación comenzó a circular el rumor de que el viaje estaba predestinado al fracaso. Algunos hombres se rebelaron. Magallanes aplastó el motín y se rehusó a regresar. Durante los seis meses de invierno (en el Hemisferio Sur es de octubre a mayo), los miembros de la desdichada tripulación se acurrucaron unos con otros en el extremo sur de Argentina. Por fin en noviembre de 1520 los barcos rodearon la punta de

América del Sur hasta llegar a una nueva extensión de agua. Maravillado por la tranquilidad del agua, Magallanes le pusó el nombre de Océano Pacífico. Para entonces, solamente sobrevivían tres barcos. Uno había naufragado y el otro escapó de regreso a casa.

Durante los dos meses siguientes, los tres barcos navegaron a través de la inmensidad del Océano Pacífico. Las provisiones estaban a punto de agotarse y los marineros comenzaban a padecer hambre y a morir por enfermedad. Al fin, después de 97 días, los barcos tocaron tierra en Guam, donde la tripulación comió con fruición frutas y carne. El 27 de abril de 1521 un grupo dirigido por Magallanes desembarcó en las Filipinas, donde fueron emboscados por un grupo de guerreros. Los hombres corrieron despavoridos de regreso a los barcos, mientras Magallanes era apresado y moría. Apesadumbrados por su líder caído, los marineros sobrevivientes quemaron uno de los barcos y continuaron su camino en los dos restantes. Pero uno de ellos comenzó a partirse en dos y tuvieron que dejarlo atrás para repararlo. El único barco sobreviviente y su tripulación se dirigieron a África, rodearon el extremo sur del gran continente y llegaron a España el 8 de septiembre de 1522. Su regreso, después de casi tres años de haber partido, conmocionó a los españoles. El rey de España le rindió honores a Juan Sebastián Elcano, el capitán sobreviviente, considerándolo el primer hombre que circunnavegó el globo. No obstante, muchos historiadores afirman que es a Magallanes, quien ya antes había viajado a las Indias, a quien corresponde en realidad el crédito.

### ¿Quién fue Giovanni da Verrazano?

Giovanni da Verrazano nació aproximadamente en el año de 1485 en el seno de una familia aristocrática que poseía propiedades al sur de Florencia, Italia. Verrazano abandonó su vida de privilegios en 1506 y se trasladó a Dieppe, Francia, a fin de aprender los caminos del mar. Obtuvo experiencia en viajes comerciales y se convirtió en capitán de un barco de guerra francés.

El rey francés puso a Verrazano al mando de cuatro barcos en 1524 para realizar un viaje de exploración hacia América del Norte. Poco después de abandonar Francia, dos barcos naufragaron y un tercero regresó al punto de origen con las riquezas saqueadas a barcos mercantes españoles. Con 50 marineros a bordo de *La Dauphine*, Verrazano siguió adelante y finalmente llegó a Cabo Fear en Carolina del Norte. Verrazano, al igual que la mayoría de los exploradores, buscaba una ruta marítima que atravesara América del Norte. Bancos de arena largos y estre-

En el siglo XV, muchos capitanes europeos utilizaron la carabela, un barco pequeño, rápido y apto para la navegación en el mar cuya vela principal era de forma triangular. Colón y Da Gama realizaron sus viajes en carabelas.

## Los barcos

El diseño de los barcos mejoró mucho al final del siglo XIII y durante los siglos XIV y XV, lo que finalmente le permitió a los marineros aventurarse en los océanos turbulentos y sobrevivir a viajes de varios años de duración. Los avances se debieron a la combinación de dos tipos de barcos: los que se utilizaban en el Mediterráneo y los que usaban los vikingos. En su forma original, ambos tipos de barcos eran impulsados por una vela y guiados por un timón que se encontraba a uno de los costados. En el norte, los constructores de barcos mejoraron enormemente la conducción colocando el timón en la popa. En el Mediterráneo se construían barcos más grandes con dos velas para proporcionarles más potencia. En el siglo XV, los constructores de barcos combinaron ambos diseños para obtener una embarcación más durable y rápida que pudiera maniobrarse fácilmente.

Los primeros exploradores europeos navegaron en barcos que se llamaban carabelas. Tenían dos mástiles principales que sostenían velas en forma de triángulo, con una más pequeña en la popa. Eran barcos estrechos, lo que les permitía deslizarse a través de las olas del océano, aunque también tenían una quilla poco profunda que les permitía a los capitanes acercarse a tierra. La cubierta estaba sellada con tablones calafateados, lo que permitía que las olas salpicaran y se desaguaran sin inundar los compartimientos inferiores. Da Gama navegó en una carabela alrededor de África, y Colón dirigió tres carabelas en su primer viaje a América del Norte. Conforme los viajes se hicieron más largos y se necesitaba una mayor capacidad de almacenaje, se construyó un nuevo tipo de barco. Éste se llamó nao y tenía tres mástiles grandes que sostenían velas cuadradas y una vela más de forma triangular en la popa. Los cinco barcos de Magallanes eran naos.

chos se extendían por las costas de Carolina del Norte. Verrazano observó estos bancos de arena y vio el mar detrás de ellos,
mas no la gran masa de tierra continental, y concluyó que las
aguas eran del Océano Pacífico, lo que para él significaba que había encontrado la ruta marítima. Puesto que temía toparse con
españoles hostiles en el sur, Verrazano navegó al norte y se encontró con algunos indios norteamericanos, a quienes describió
como "de buenas maneras" y "bien intencionados". El 17 de abril
de 1525 Verrazano entró en un canal que lo condujo a un puerto
bien protegido. Hoy, el estrecho, la entrada a la ciudad de Nueva
York, lleva su nombre. Verrazano continuó su viaje hacia el norte y llegó a Massachusetts y Maine. Allí se encontró con indios
abnaki, quienes les dispararon flechas a los franceses. Enojado,
llamó a esta región la "Tierra de la Gente Mala". Cuando llegó a
Terranova, Verrazano dio vuelta al este y regresó a Francia. Hizo
dos viajes más, uno a Brasil y el otro a Florida y a las Islas de Sota-
vento. Después de desembarcar en una de ellas, probablemente
en la de Guadalupe, lo capturaron, lo mataron y, según se dice,
fue comido por caníbales.

### ¿A quiénes se les conoce como los conquistadores?

Durante el siglo XVI, los exploradores españoles, a quienes se les
conoce como conquistadores, saquearon los pueblos indios de
América del Norte y América del Sur, robándoles su oro y plata y
esclavizando a sus habitantes. Eran hombres valerosos, rudos
y despiadados prestos a utilizar sus espadas, habilidad que habían
pulido durante los años de batalla contra los musulmanes en España. Los conquistadores sometieron a millones de indios al dominio español. Los barcos regresaban a España cargados con
lingotes de oro y plata, convirtiéndola así en la nación más rica de
la Tierra. El imperio español duraría 300 años.

### ¿Quién fue Vasco Núñez de Balboa?

Balboa fue un conquistador osado que descubrió y reclamó el
Océano Pacífico para España en 1513. Nació en 1475 y creció en
el seno de una familia de la baja nobleza. En 1501, dejó España y
se dirigió a La Española (hoy Haití y República Dominicana)
para hacer fortuna. Dirigió una plantación e intentó criar cer-
dos, pero se endeudó mucho y huyó de sus acreedores escon-
diéndose en un tonel a bordo de un barco de provisiones.
Cuando se dirigía a la colonia española de San Sebastián, hoy en
Colombia, el barco naufragó y más tarde la tripulación sería res-
catada por otro famoso conquistador español, Francisco Pizarro. Cuando la tripulación supo que San Sebastián había sido
destruida por un ataque indio, Balboa convenció a sus camara-

das de a bordo de que se dirigieran hacia Panamá, un área más pacífica. Balboa y sus compañeros establecieron un asentamiento en Darién.

Entre los indios de la localidad circulaban relatos acerca de un rico imperio ubicado al sur y de un vasto "Mar del Sur". Balboa le pidió al rey español Fernando II un ejército para encontrar y conquistar este imperio. El rey accedió, aunque designó a alguien más como jefe. Furioso, en septiembre de 1513, Balboa dirigió a su propio ejército compuesto aproximadamente por 190 españoles por las selvas de Panamá en busca del imperio y del "Mar del Sur". Después de varias semanas de viaje a través de pantanos y selvas, Balboa llegó a una altiplanicie desde donde pudo mirar al sur. En el horizonte se extendía el vasto Océano Pacífico. El 25 de septiembre Balboa realizó una misa de acción de gracias y reclamó las tierras circundantes para España. La expedición llegó hasta la playa y Balboa se adentró en las aguas con la bandera española, reclamando toda la masa de agua para España. Balboa regresó a Darién, únicamente para encontrar que un gobernador llegado de España había tomado el control. Balboa y el nuevo gobernador sostuvieron una prolongada contienda por el poder. Balboa condujo otra expedición al Pacífico en 1517 y exploró el golfo de San Miguel. No obstante, el gobernador decapitó a Balboa acusándolo de traición en 1519.

### ¿Quién fue en pos de la Fuente de la Juventud?

Los indios de América les contaron a los españoles de La Española que había un fuente mágica en las islas ubicadas al oeste. Decían que cualquier persona que bebiera el agua de la fuente volvería a ser joven nuevamente. Un conquistador español de nombre Juan Ponce de León escuchó la historia milagrosa y en 1513 emprendió una expedición para encontrarla. De León era un explorador experimentado. Según se decía, había acompañado a Colón en su segunda expedición a América y se convirtió en gobernador de la mitad occidental de La Española. Colonizó Puerto Rico en 1508.

El 27 de marzo de 1513, De León avistó una tierra exuberante y verde al oeste del horizonte. Al desembarcar, se convirtieron en los primeros españoles en pisar tierra en América del Norte. Debido a que llegaron en Semana Santa (celebración que los españoles conocían como *Pascua Florida*) y la vegetación era tan hermosa, De León le puso a la región el nombre de "Tierra La Florida". Los españoles dedicaron los cinco meses siguientes a navegar por la costa este de Florida, alrededor de las islas principales, y regresaron al norte por la costa oeste. De León observó que Florida era una gran península. Cuando volvió a España en 1514, el rey lo hizo caballero y le otorgó el permiso para colonizar Florida. De León regresó a Florida en 1521, pero los indios seminolas lo atacaron a él y a sus hombres. Una flecha lo hirió y los españoles se replegaron a La Habana, Cuba. De León murió a causa de la herida en l521. Nunca descubrió la mítica Fuente de la Juventud, aunque logró ampliar los dominios de España en América del Norte.

### ¿Cómo fue el encuentro de Cortés con los aztecas?

Hernán Cortés nació en España en l485 y creció en una familia con "poca riqueza, pero mucho honor". Al igual que muchos otros miembros de la nobleza española, Cortés veía a América como una fuente de aventuras y riquezas. A la edad de 19 años se embarcó hacia La Española. En la siguiente década, Cortés participó en la conquista de Cuba obteniendo poder político. En febrero de 1519 dirigió once barcos que transportaban a más de 500 soldados y 16 caballos en una expedición a las costas de México. Cortés había escuchado rumores acerca de la existencia de riquezas fabulosas en tierras desconocidas, y su sueño era encontrar oro y plata para regresar triunfante a España. En marzo, la expedición llegó a lo que hoy se conoce como la península de Yucatán en México y luchó contra los indios. Los guerreros indios pelearon valientemente contra los invasores. No obstante, no había forma de oponerse a las espadas y las armas de fuego de los españoles. Cuando la caballería española atacó a los indios, éstos, que nunca habían visto caballos, creyeron que animal y jinete eran parte de una sola bestia y huyeron aterrorizados.

Las noticias acerca de la victoria española se esparcieron por todo el lugar y finalmente llegaron a oídos de Moctezuma, el gobernante del Imperio Azteca. Éste abarcaba gran parte de lo que hoy es México. En la magnífica ciudad capital de Tenochtitlán, Moctezuma examinó el significado de la llegada de los hombres blancos. Según una profecía religiosa, el dios Quetzalcóatl regresaría en forma de hombre barbado de piel blanca en 1519. Moctezuma no sabía si su deber era masacrar a los recién llegados considerándolos como invasores o si debía darles la bienvenida como dioses. Moctezuma les envió regalos espléndidos: dos discos enormes de plata y oro, adornos de perlas y turquesas y túnicas adornadas con joyas.

Cortés estaba encantado con estas muestras de riqueza. Consideró que los regalos eran una confirmación de las riquezas increíbles del Imperio Azteca y decidió apropiarse de ellas.

## ¿Cómo llevó a cabo Cortés la conquista de los aztecas?

En julio de 1519 Cortés incendió y hundió deliberadamente sus diez naves. Sabía que la inminente campaña sería difícil y no quería que ninguno de sus hombres se amotinara ni que trataran de regresar. Una vez enviado el mensaje, Cortés condujo un ejército de mil españoles y aliados indios por montañas y selvas. Al tiempo que el ejército de Cortés vencía a los guerreros indios y saqueaba varias ciudades, Moctezuma le envió regalos prometiéndole que le pagaría tributos si los españoles se alejaban del Imperio Azteca. Cortés desafió al emperador y en noviembre, junto con su ejército desgastado, llegó a las puertas de Tenochtitlán, la capital azteca y hogar de más de 60 mil personas, una población mayor a la existente en cualquier ciudad española de la época. Al principio, Moctezuma y Cortés intercambiaron saludos amistosos. Cortés y sus hombres estaban asombrados por la magnificencia de la ciudad, aunque también horrorizados con la religión azteca, en la cual se realizaban sacrificios humanos en las ceremonias. Cuando uno de los jefes de Moctezuma atacó una guarnición española, Cortés tomó prisionero al emperador y lo obligó a reconocer al rey español como su señor. Cuando Cortés trató de convertir los templos aztecas en iglesias cristianas, estalló la guerra. Asesinaron a Moctezuma, y Cortés y sus hombres se vieron obligados a huir de Tenochtitlán. Reorganizó a su ejército y regresó para sitiar la gran ciudad. Los aztecas, padeciendo hambre y debilitados por las enfermedades que habían traído los europeos, se rindieron el 13 de agosto de 1521. Cortés se convirtió

Dibujo realizado por un artista azteca en el que se observa a Cortés aproximándose a un grupo de jefes aztecas. Los primeros encuentros de Cortés con los aztecas fueron relativamente pacíficos. Más tarde, Cortés y sus hombres conquistarían sin miramientos el Imperio Azteca.

en gobernador y capitán general de la Nueva España y levantó la ciudad de México sobre las ruinas de Tenochtitlán.

### ¿Cómo llevó a cabo Pizarro la conquista de los incas?

*El imperio inca, con más de 16 millones de habitantes, contaba con una elaborada red de caminos pavimentados. Sus artistas creaban obras exquisitas en oro y plata.*

Poco se sabe acerca de la vida del conquistador español Francisco Pizarro antes de su llegada a La Española en 1502. Participó en una expedición a Colombia y se ganó una reputación por ser un luchador sereno y valiente. En 1519 se convirtió en el alcalde de Panamá y logró hacer una pequeña fortuna. Permaneció allí durante varios años antes de tomar la decisión de realizar una empresa audaz.

En el otoño de 1532, Pizarro, acompañado de 106 elementos de infantería y 62 de caballería, se dirigió a las cumbres de los Andes para conquistar al Imperio Inca de América del Sur. Al conocer la existencia del grupo español, Atahualpa, el emperador inca, les envió un mensaje de bienvenida, pero no entraba en sus planes permitirles que se quedaran. Cuando los españoles llegaron a la ciudad inca de Cajamarca, la encontraron desierta. Cerca de ahí, Atahualpa y su ejército los esperaban en un campamento. Pizarro y Atahualpa intercambiaron saludos otra vez, y el segundo prometió que recibiría a los españoles en la plaza de la ciudad al día siguiente. Cuando Atahualpa llegó con seis mil guerreros, los soldados españoles los esperaban en una emboscada. De pronto, salieron de su escondite y comenzaron a matar sin piedad a los guerreros sorprendidos. Aterrorizados por los caballos, los indios fueron derrotados en una batalla en la que hubo más de dos mil muertos. Atahualpa fue tomado prisionero y Pizarro exigió como rescate una estancia llena de oro y dos cámaras llenas de plata. Para salvar a su rey, los incas arrancaron oro y plata de sus templos y hogares por todo el imperio y se los enviaron a Pizarro. En mayo de 1533 los hombres de Pizarro construyeron nueve hornazas para fundir el metal en lingotes. Se perdieron miles de obras de arte invaluables. Cuando los españoles terminaron, pesaron 6017 kilogramos de oro y 11 793 kilogramos de plata. Al darse cuenta de que Atahualpa en libertad podía reunir a su pueblo, Pizarro ordenó que lo estrangularan en agosto de 1533. Con su muerte, el Imperio Inca quedó bajo dominio español.

### ¿Quién fue Hernando de Soto?

Hernando de Soto nació alrededor del año 1500 en el seno de una familia que deseaba que fuera abogado. Pero como en toda España se hablaba de los descubrimientos, aventuras y conquistas en América del Sur, De Soto decidió convertirse en un conquistador. Siendo adolescente, De Soto se entrenó con capitanes españoles en América Latina, en donde aprendió las artes de la guerra. Iba en la unidad de avanzada del ejército de Pizarro cuando éste entró en América del Sur y conquistó a los incas. De Soto regresó a España, convertido en hombre rico y con todos los honores, pero su deseo de gloria no estaba aún plenamente satisfecho. En mayo de 1539 De Soto dirigió diez barcos con mil hombres y 350 caballos que salieron de La Habana, Cuba, en una expedición para conquistar el territorio de La Florida en América del Norte. De Soto tenía la esperanza de descubrir una civilización tan rica y poderosa como la de los aztecas y los incas.

Después de una travesía de casi dos semanas en el mar, De Soto y sus hombres desembarcaron cerca de lo que hoy es Tampa, en la parte oeste de la península de Florida. Construyeron una base y avanzaron hacia el norte. Siempre que De Soto se topaba con un grupo de indios que no se mostraran amistosos, destruía sus aldeas y masacraba a los habitantes o los sometía a la esclavitud. Los indios le hablaron a De Soto acerca de un imperio rico y con mucho oro en el norte que se llamaba Cofitachequi. Los españoles se dirigieron al noreste en lo que hoy son Georgia y Tennessee en Estados Unidos. Pero no encontraron oro. Sin embargo, los indios del lugar, con la esperanza de librarse de los españoles lo más pronto posible, seguían diciendo que el imperio lleno de riquezas que buscaban estaba cerca. La expedición avanzó hacia Alabama y el norte de Mississippi. El 8 de mayo de 1541 llegó al río Mississippi, y los miembros de la expedición se convirtieron en los primeros europeos que vieron el gran río. Para entonces, los hombres de De Soto estaban exhaustos y casi no tenían víveres ni pertrechos. Viajaron hacia Arkansas durante una descomunal sequía de verano. Después del invierno, los españoles se dirigieron a Louisiana. Ahí, De Soto cayó enfermo de fiebre y murió el 21 de mayo de 1542. Sus hombres pusieron piedras en su cuerpo y lo hundieron en un río con el fin de que los indios de la localidad no descubrieran su muerte. Los sobrevivientes construyeron botes y se dirigieron al Golfo de México. Finalmente, en septiembre de 1543, alcanzaron a los colonizadores españoles en Tampico, México. Habían recorrido más de 6 400 kilómetros.

### ¿Quién realizó la búsqueda de las Siete Ciudades de Oro?

Las noticias acerca de la riqueza asombrosa de América del Sur encendió la ambición de otros conquistadores españoles. Corrían rumores acerca de la existencia de siete ciudades resplandecientes de oro que se encontraban al norte de México en una tierra legendaria llamada Cíbola. En febrero de 1540, Francisco Vásquez de Coronado, un noble español, dirigió una expedición de 336 soldados y 1 300 indios hacia el norte de la Nueva España en lo que hoy es la región suroeste de Estados Unidos. El guía de los españoles era un religioso llamado fray Marcos, quien los condujo lentamente a través de los desiertos de Arizona. En el mes de junio, el ejército español casi muerto de hambre llegó a Háwikuh, una ciudad india en lo que hoy es Nuevo México. Pero en lugar de una deslumbrante ciudad de oro, los españoles encontraron estructuras achaparradas de adobe. Peor aún, los indios no hicieron un recibimiento cordial a los españoles, sino que les dispararon flechas y les arrojaron piedras cuando llegaron. Coronado cayó inconsciente por un golpe antes de que los españoles tomaran la aldea y comieran con avidez el maíz y los pollos que encontraron en el lugar. Los españoles pronto se dieron cuenta de que las Siete Ciudades de Cíbola no existían. Furioso, Coronado envió a Marcos de regreso a casa desacreditado.

### ¿Cómo continuó Coronado su exploración?

Después de escuchar las historias de los indios acerca de un gran río, Coronado le ordenó a un grupo de búsqueda viajar al noroeste de Háwikuh. Así lo hicieron, pero un cañón imponente detuvo su marcha: el Gran Cañón. El río Colorado corría en el distante fondo. Al llegar la primavera, Coronado y su ejército se pusieron nuevamente en camino. Esta vez se dirigieron al este, pues según los rumores ahí encontrarían oro. Los hombres avanzaron a través de las planicies arenosas de Texas y Arizona y se maravillaron con las enormes manadas de búfalos, pero sólo encontraron ciudades de chozas y pieles de búfalo. Coronado se enfureció al descubrir que su guía indio los había conducido deliberadamente a las planicies esperando que murieran de hambre y sed. En consecuencia, ordenó su ejecución inmediata. En la primavera de 1542, Coronado y su grupo exhausto volvieron a la Nueva España con las manos vacías después de dos años.

### ¿Quién fue Estévanico?

A principios del siglo XVI, Estévanico, un moro, fue capturado en su lugar de origen en Marruecos y vendido como esclavo en España. Se convirtió en sirviente de Andrés Dorantes, jefe de una compañía de la infantería española. En 1528, Dorantes y sus hombres se unieron a la expedición que comandaba Pánfilo de Narváez hacia Florida. Sobrevivieron aproximadamente 400 hombres y 42 caballos en el viaje a Florida. Estévanico era uno de ellos. Narváez internó al grupo en busca de oro, pero encontraron muy poco. En cambio, viajaron a través de un terreno pantanoso y comenzaron a morir por enfermedad. Cerca de Tallahassee, los indios seminolas atacaron al contingente. En septiembre, los hombres debilitados y hambrientos decidieron construir cinco balsas e intentaron navegar desde Florida hasta un asentamiento español en México. El viaje resultó un desastre. Algunas de las balsas se hicieron añicos en la costa. La balsa en la que iba Narváez fue arrastrada mar adentro y nunca la volvieron a ver. Otras dos de las balsas, incluyendo aquella en la que iba Estévanico, naufragaron cerca de lo que hoy es Galveston, Texas. Para la primavera de 1529 solamente había 15 sobrevivientes.

El grupo tomó la decisión de cruzar Texas para encontrar seguridad en México. Los indios los capturaron y pasaron los seis años siguientes soportando maltratos y trabajos forzados. Al final de 1535, Estévanico y tres hombres más lograron escapar. Cuando se dirigían al oeste atravesando Texas, su apariencia extraña provocó que los indios creyeran que poseían poderes curativos mágicos. La noticia acerca de la existencia de los curanderos se extendió rápidamente, lo que ayudó a que su viaje fuera mucho menos peligroso. Llegaron a la ciudad de México en julio de 1536. Gracias a su experiencia y habilidad para hablar varios idiomas de los indios, Estévanico se convirtió en guía durante la expedición de Coronado. Durante varios días se adelantó al grupo principal y, al igual que en Texas, ofreció sus poderes curativos. En mayo de 1537, Estévanico llegó al pueblo zuni de Háwikuh. Pero al jefe no le impresionó que se declarara brujo y lo obligó a salir del pueblo. Al día siguiente, le tendió una emboscada con un grupo de guerreros y lo mataron.

### ¿Quién fue sir Francis Drake?

Francis Drake nació aproximadamente en el año 1540 en Devonshire, Inglaterra. Creció en la pobreza y vivió en el casco de un barco anclado en el río Támesis. Cuando tenía 13 años se convirtió en aprendiz de un hombre de mar en un barco que recorría rutas comerciales entre los puertos del Mar del Norte. A la edad de 23 años, convertido ya en un navegante experto, Drake se unió a una expedición hacia las Indias Occidentales. Sus superiores, incluyendo a la reina inglesa Elizabeth I, advirtieron su valentía y pericia excepcional en el arte de la navegación.

Por ese entonces España e Inglaterra competían por la supremacía en Europa, y la reina autorizó a Drake para atacar y saquear los barcos españoles. Los españoles transportaban especias y géneros desde las Indias Orientales a través del Océano Pacífico hasta América Latina. Los depósitos españoles en Panamá estaban llenos hasta el tope con las riquezas provenientes del comercio y la conquista. El oro y la plata se acumulaban y se

*Los exploradores españoles hicieron conocer a los indios un animal desconocido en toda América: el caballo. La vida de los indios de las planicies de América del Norte cambió para siempre, pues hizo que la caza del búfalo y la transportación fueran más fáciles. Como consecuencia, los indios prosperaron. Doscientos años después de la expedición de Coronado, los colonos blancos del este de Estados Unidos describirían a los indios de las planicies como consumados jinetes.*

En este mapa se puede observar con claridad la ruta de los viajes que realizó Hernando de Soto entre 1539 y 1543 por América del Norte. Si bien el recorrido de 6 400 kilómetros de De Soto fue extenuante para sus hombres y desastroso para los indios que encontraron en el camino, permitió al imperio español obtener el control del área.

cargaban en galeones para la lenta travesía a través del Océano Atlántico hasta España.

Atraído por botines tan tentadores, Drake se hizo a la mar al frente de cinco barcos a través del Atlántico hacia las costas de América del Sur en diciembre de l577. Ejecutó a un hombre por conspiración de motín y se vio obligado a echar a pique dos naves. En agosto de l578 los barcos restantes entraron en el traicionero estrecho del extremo sur de América, que llevaba el nombre de Magallanes. Los marineros ingleses se estremecían con el frío intenso al tiempo que Drake guiaba cuidadosamente la flota a través del canal. Por fin, en septiembre Drake y sus hombres entraron llenos de júbilo en el Océano Pacífico. No obstante, poco tiempo después una tormenta azotó la flota y uno de los barcos desapareció con todos los marineros que llevaba a bordo. Tan sólo una semana después, los dos barcos restantes se separaron. Drake y su tripulación continuaron solos su camino en el *Golden Hind* por la costa de Chile.

### ¿Cómo logró Drake circunnavegar el mundo?

Frente a las costas occidentales de América del Sur, Drake atacó por sorpresa barcos y puertos españoles, apoderándose de oro, plata, vino y joyas. Continuó hacia el norte hasta llegar a lo que hoy es Oregon, en donde se vio obligado a detenerse porque se topó con "la niebla más detestable, espesa y repugnante". En ese momento enfrentó un dilema. Su barco se desbordaba ya con el abundante botín, por lo que no se atrevía a navegar por el sur, donde se encontraban los españoles hostiles y alertas. Decidió audazmente que el único camino para regresar a Inglaterra era seguir la ruta de Magallanes por el Pacífico. Durante los siguientes 68 días, el *Golden Hind* navegó hacia el oeste, avanzando con perseverancia a través de las olas del Océano Pacífico. Finalmente, el barco se detuvo en varias islas dispersas en la inmensidad del océano. En una de ellas, los nativos robaron cuanto pudieron. Drake llamó al lugar "Isla de Ladrones". En las Islas de las Especias pudo obtener más carga valiosa antes de navegar a través del Océano Índico, rodear la punta de África y dirigirse al norte a Inglaterra. Después de dos años y diez meses en el mar, Drake y la tripulación del *Golden Hind* regresaron a salvo a Inglaterra. El rey español, furioso con Drake, le ordenó a la reina Elizabeth I que le cortara la cabeza. En vez de hacerlo, ella lo nombró caballero, convirtiéndolo en héroe.

### ¿Qué era el Paso del Noroeste?

Los países al noreste de Europa —Inglaterra, Holanda y Francia— veían con una mezcla de envidia y resentimiento cómo españoles y portugueses se enriquecían de manera creciente por el comercio. Incapaces de desafiar a los españoles en el Atlántico Sur, los exploradores europeos del norte se dirigieron al oeste y al norte en busca de una ruta que los llevara a las Indias. Se toparon con un gran obstáculo: la enorme masa de tierra que era América del Norte. Pero ingleses y franceses estaban convencidos de que había un canal que atravesaba el continente y que llegaba al Océano Pacífico y las Islas de las Especias. Cualquiera que descubriera este canal, al que llamaban "Paso del Noroeste", se volvería muy rico gracias al comercio. Hoy se sabe que tal pasaje no existe. No obstante, los exploradores desafiaron las aguas heladas del Atlántico Norte para encontrarlo. Aunque todos sus intentos fracasaron, la exploración que realizaron de las costas de América del Norte abrió estas tierras a la colonización europea.

### ¿Quién fue Henry Hudson?

El navegante inglés Henry Hudson tenía la obsesión de descubrir el Paso del Noroeste. Entre 1607 y 1611, navegó hacia el norte y llegó más lejos que ningún otro explorador europeo, aventurándose a la cima del mundo y desafiando las heladas aguas árticas en busca de un pasaje que no existía. En su primer viaje, Hudson se dirigió hacia Groenlandia pero el hielo le impidió el paso. Al año siguiente, Hudson volvió a intentarlo, navegando esta vez a lo largo de las costas noruegas en un esfuerzo por navegar alrededor de Asia. Una vez más, se vio obligado a regresar. Después de dos fracasos, Hudson perdió el apoyo de Inglaterra pero encontró respaldo financiero en los comerciantes holandeses.

## Crimen y castigo

El motín era el peor crimen que se podía cometer en altamar, y con frecuencia el castigo era inmediato e implacable: la muerte. No obstante, los marineros no siempre obedecían a sus capitanes, y éstos utilizaban una amplia variedad de castigos para obligarlos a acatar su voluntad. Era común aplicar tareas adicionales o azotes con el látigo, cuyo número dependía de la gravedad de la falta. En casos extremos, un marinero era "pasado por debajo de la quilla". Lo bajaban con una cuerda por la proa del barco en movimiento. Atrapado en el agua, el marinero era jalado debajo del barco, golpeándose y lacerándose con las lapas incrustadas en el casco. Subían al infortunado marinero por la popa y lo regresaban, posiblemente con mayor disposición, a sus obligaciones.

En abril de 1609, Hudson y una tripulación de 16 hombres partieron en el *Half Moon*. Hudson navegó arriba de las costas noruegas. Las temperaturas descendieron muchísimo y el hielo cubrió los aparejos. La tripulación se rehusó a seguir avanzando. Hudson se rindió, pero en lugar de regresar a Holanda, ordenó que el barco se dirigiera al oeste hacia América del Norte. A mediados de julio, Hudson observó la costa de Maine. El *Half Moon* recorrió el litoral de Virginia y regresó al norte. El 2 de septiembre descubrió una bahía enorme y hermosa en la desembocadura de un gran río. Emocionados con la posibilidad de que este río fuera el Paso del Noroeste, Hudson y su tripulación navegaron hacia el norte. Los indios vieron el enorme barco y remaron en sus canoas para darle la bienvenida. Los indios "se veían muy contentos por nuestra llegada... y se portaron muy civilizados", escribió un marinero en su diario, "no nos atrevimos a desconfiar de ellos". Hudson avanzó 240 kilómetros antes de darse cuenta de que el río se había vuelto demasiado estrecho para ser un pasaje. Desilusionado, Hudson abandonó el río que hasta hoy lleva su nombre. Los holandeses reclamaron el valle del río Hudson y fundaron una ciudad que se llamó Nueva Amsterdam, hoy conocida como Nueva York.

### ¿Cómo terminaron las exploraciones de Hudson?

Después de que Hudson regresó a Europa, pensó que el Paso del Noroeste debía encontrarse más hacia el norte. En abril de 1610 Hudson recibió apoyo inglés y condujo otro barco, el *Discovery*, al Atlántico Norte. Rodeó la punta de Groenlandia y navegó por la costa norte de Canadá. Llegó hasta una bahía gigantesca abriéndose camino a través de la niebla y los bloques de hielo. Estaba feliz. Eran unas aguas que parecía extenderse hasta el Pacífico. Pero la bahía terminaba en una región desierta y fría de Canadá.

## El Paso del Noroeste existe

El explorador noruego Roald Amundsen navegó durante tres años a través de las islas y el hielo del norte de Canadá, habiendo comenzado a principios de 1903. Fue el primero en completar un viaje desde el Atlántico hasta el Océano Pacífico a través del "Paso del Noroeste". En 1969, el barco estadounidense *Man- hattan* navegó por la misma área rompiendo y atravesando poco más de mil kilómetros de hielo. Sin embargo, la ruta fue, y sigue siendo, muy difícil para ser viable desde el punto de vista comercial.

A pesar de sus súplicas, Henry Hudson y varios miembros de la tripulación fueron lanzados a la deriva en las gélidas aguas de la Bahía de Hudson. Nunca más se supo de ellos.

Debido a que el paisaje estaba bloqueado por hielo y nieve, Hudson ordenó a su tripulación esperar a que terminara el invierno. Golpeada por el frío ártico y abatida por las largas noches, la tripulación pasó seis inmisericordes meses en los desolados confines de lo que hoy es la Bahía de Hudson. Las raciones disminuyeron y enfrentaron hambre. En junio de 1611, la tripulación se amotinó. Obligaron a Hudson, a su hijo y a siete marineros a abordar un pequeño bote que lanzaron a la deriva en las gélidas aguas de la Bahía de Hudson. Nunca más los volvieron a ver. El *Discovery* regresó a Inglaterra, en donde los líderes del motín recibieron su castigo.

### ¿Quién fue Jacques Cartier?

Los exploradores franceses también navegaron por el Atlántico Norte con la vana esperanza de encontrar el Paso del Noroeste. Pescadores de Portugal y Francia, que habían seguido a los bancos de bacalao por el Atlántico Norte, descubrieron muchas bahías y ensenadas a lo largo de las costas de América del Norte. Con la esperanza de que alguna de ellas pudiera conducirlo al Paso del Noroeste, el explorador francés Jacques Cartier al mando de dos barcos llegó al golfo de San Lorenzo en 1534. Desde ahí, el gran río San Lorenzo desaparecía dentro de América del Norte. Cartier pensó que seguramente ese era el pasaje. Regresó dos años después y navegó río arriba por el San Lorenzo, pero rápidos insuperables detuvieron su marcha. Aún con la esperanza de que finalmente llegaría a las Indias, le dio el nombre de *La China* a los rápidos.

### ¿Quién fue Samuel de Champlain?

Champlain fue un francés que obtuvo experiencia en navegación en viajes a las Indias Occidentales y América Central al final del siglo XVI. La habilidad de Champlain atrajo la atención del rey francés Enrique IV, quien lo invitó a participar en una expedición francesa por el río San Lorenzo en América del Norte en 1603. Champlain regresó en 1608 y fundó una factoría llamada Quebec. La utilizó como base y viajó a pie y en canoa a las montañas del sur, hasta que contempló el enorme lago en el norte de

## Almas y pieles

Las pieles provenientes de América del Norte tuvieron gran demanda en Europa durante los siglos diecisiete y dieciocho. Las pieles de castor se utilizaban en la fabricación de sombreros para hombre, y el comercio de pieles se convirtió en una industria altamente rentable. Debido a que los españoles habían sido confinados al sur, la fascinación por las riquezas —esta vez por el comercio de pieles— animó a jóvenes franceses a desafiar las tierras desiertas de América del Norte.

Mientras que la motivación de muchos era la codicia, otros deseaban salvar almas. A principios de 1611 jesuitas católicos de Francia se aventuraron en las profundidades de América del Norte, construyeron iglesias y convirtieron las tribus indias al cristianismo. Muchos de ellos padecieron privaciones increíbles, tortura y muerte por su fe. Estos fueron los dos motivos —ganancias y almas— que impulsaron las primeras exploraciones de los franceses en América del Norte.

Nueva York que hoy lleva su nombre, lago Champlain. En l615, viajó a través de los agrestes bosques hacia el oeste y atravesó en canoa el primero de los Grandes Lagos, el lago Ontario. Los cazadores de pieles franceses siguieron las rutas de Champlain ansiosos por comerciar con los indios. Como consecuencia, los asentamientos franceses en Canadá crecieron gradualmente.

¿Quién fue La Salle? ♦ ¿Cómo realizó La Salle e reclamo del río Mississippi? ♦ ¿Quién fue Alexan der Mackenzie? ♦ ¿Cómo llegó Mackenzie al Pa cífico? ♦ ¿Quiénes fueron Lewis y Clark? ♦ ¿Quién fue Sacajawea? ♦ ¿Cómo llegó la expedi ción al Océano ... erminó el via e de Lewis y Clark? ♦ ¿Quién fue John Charle Frémont? ♦ ¿Quién fue Alexander von Hum boldt? ♦ ¿Quién fue Inés Mejía? ♦ ¿Quién fue Ludwig Leichhardt? ♦ ¿Quiénes fueron Burke Wills? ♦ ¿Cómo fue que la expedición de Wills Burke terminó en tragedia? ♦ ¿Quién fue Mung

# EXPLORACIÓN DE LOS GRANDES CONTINENTES

### ¿Quién fue La Salle?

Robert Cavalier, señor de La Salle, nació en l643 y estudió en escuelas jesuitas con la idea de abrazar el sacerdocio. Pero sintiéndose atraído por la oportunidad de aventura y fortuna en América del Norte, el joven francés de 22 años viajó a Montreal, ciudad ubicada en la ribera del río San Lorenzo. Desmontó una parcela en el bosque cercano y estableció una factoría de pieles para comerciar con los indios de la localidad, entre ellos los hurones y ottawas. A pesar de que su negocio prosperaba, seguían creciendo las inquietudes en el joven La Salle. Había escuchado historias acerca de una gran vía fluvial que se encontraba al oeste, un río que se dividía a través del denso bosque de América del Norte. Con la esperanza de que ese río lo condujera al Océano Pacífico, La Salle vendió su factoría de pieles y organizó una expedición para buscar el río. Reunió leñadores, guías indios y misioneros en ocho canoas y dirigió al grupo por el río San Lorenzo en l669. La expedición remó por el lago Ontario y encontró el río Ohio al sur. El río corría ininterrumpidamente hacia el suroeste, y a La Salle le emocionaba pensar que ese pudiera ser el Paso del Noroeste. Pero después de varios meses, un tramo de rugientes rápidos hizo que la expedición se detuviera. Frustrado, La Salle, dio vuelta y regresó a Montreal.

## ¿Cómo realizó La Salle el reclamo del río Mississippi?

En 1673 La Salle tuvo noticias de dos franceses, Louis Jolliet y el padre Jacques Marquette, que habían remado por el río Mississippi, conocido entre los indios como el Padre de las Aguas. No habían llegado al Golfo de México pues emprendieron el regreso al llegar a la desembocadura del río Arkansas. La Salle se sintió decepcionado al saber que el Mississippi no desembocaba en el Océano Pacífico, pero de cualquier forma comprendió el potencial económico de esta gran vía fluvial. En 1677 viajó a Francia y le habló al rey Luis XIV acerca de un espléndido territorio virgen y le prometió riquezas que superarían sus sueños. El rey, inspirado por la visión de La Salle de un imperio francés, le otorgó el monopolio para la construcción de factorías y fuertes en el valle del Mississippi. En febrero de 1682 La Salle dirigió una expedición integrada por 23 franceses y 31 indios —incluyendo miembros de las tribus illinois, miami, shawnee y abnaki— por el río Mississippi. A lo largo del camino, La Salle negoció astutamente con los indios, valiéndose de regalos y adulaciones para hacerles creer que sus intenciones eran amistosas. Siguiendo la costumbre, reclamó las tierras para Luis XIV, levantó cruces de madera con las armas de Francia y clamó *"¡Viva el rey!"*. El 6 de abril de 1682 La Salle llegó al Golfo de México y reclamó el río Mississippi y sus corrientes tributarias. Le puso a la colonia el nombre de Louisiana en honor del rey. En un solo viaje, La Salle había creado una colonia francesa varias veces más grande que el área de Francia.

## ¿Llevó La Salle colonos franceses a Lousiana?

Con la esperanza de atraer colonos franceses, La Salle regresó a Francia, reclutó a 280 colonos y partió nuevamente a Louisiana en 1684. El viaje fue un desastre. Por error, los barcos se pasaron de la desembocadura del río Mississippi y La Salle se vio obligado a desembarcar a los colonos en las inhóspitas costas de Texas. Uno de los barcos naufragó; otro regresó a casa. La Salle partió con un grupo de 20 hombres hacia el este atravesando el riguroso paisaje de Texas en un intento desesperado por encontrar el río. Al final, algunos de los hombres se rebelaron y le dispararon a quemarropa a La Salle, abandonando su cuerpo a los buitres.

## ¿Quién fue Alexander Mackenzie?

Alexander Mackenzie nació en Escocia aproximadamente en 1755. Salió de su país natal para dirigirse a Canadá en 1779. Se estableció en Montreal, para entonces una ciudad floreciente, e in-

Alexander Mackenzie, el líder de las primeras expediciones con fines de exploración por el oeste y el norte de Canadá, tenía la firme determinación de llegar al Océano Pacífico. Su primer viaje fue un intento fallido, pues llegó al Océano Ártico. En el segundo, llegó al Pacífico en 1793, diez años antes de que los exploradores Lewis y Clark comenzaran su expedición al oeste.

gresó al negocio de las pieles. Nueve años después, Mackenzie se dirigió hacia el oeste a las tierras vírgenes de Canadá, en donde estableció una factoría a orillas del lago Athabasca al norte de Alberta. Los comerciantes indios le dijeron que el Océano Pacífico se encontraba al oeste. Algunos decían que estaba muy cerca. Al igual que muchos otros exploradores de la época, el sueño de Mackenzie era encontrar una ruta fluvial a través de América del Norte que comunicara el Océano Pacífico con el Atlántico. En junio de 1789, dirigió una expedición en tres canoas, hechas de cortezas de abedul, hacia el norte hasta llegar a una enorme masa de agua llamada Gran Lago del Esclavo. El grupo descubrió un río en el extremo occidental del lago que corría hacia el oeste. Mackenzie y sus acompañantes se abocaron con impaciencia a navegar por el río, primero al oeste y después al norte. Encontraron árboles más robustos y animales cada vez más raros. Después de 11 días, los exploradores llegaron a una vasta región helada sin árboles cubierta de rocas y liquen. Mackenzie había llegado a la

*Continúa en la página 62*

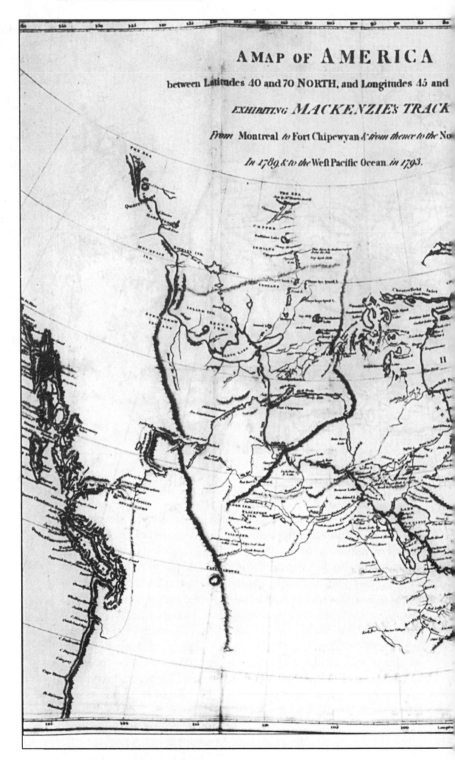

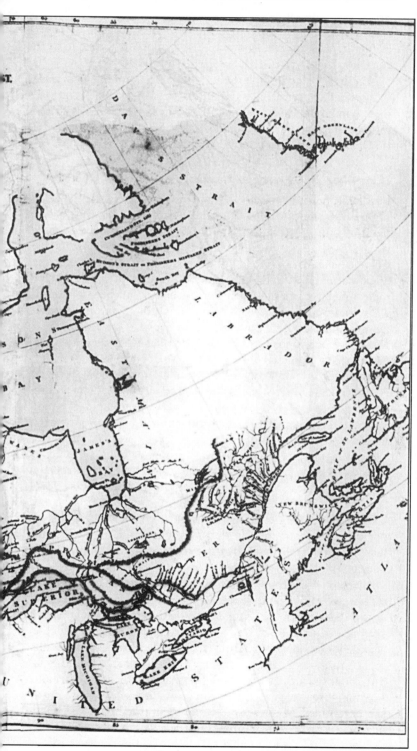

Mapa de Alexander Mackenzie del noroeste de América del Norte, elaborado después de sus expediciones de 1789 y 1793 y publicado en su libro *Viajes desde Montreal* en 1801. El mapa muestra las numerosas vías fluviales exploradas por Mackenzie, entre ellas el río que hoy lleva su nombre.

*continúa de la página 59*

tundra ártica. El río desembocaba en un océano lleno de hielo. Había descubierto una ruta para llegar al océano, aunque no al correcto.

En lugar de contemplar con júbilo el Océano Pacífico, posó su mirada displicente en el Océano Ártico. Mackenzie le puso al río el nombre de Disappointment (Desilusión) y regresó a su factoría después de haber recorrido casi 4 800 kilómetros. Hoy, el río Desilusión lleva su nombre, río Mackenzie.

### ¿Cómo llegó Mackenzie al Pacífico?

Frustrado pero, al mismo tiempo resuelto, Mackenzie hizo la promesa solemne de que llegaría al Océano Pacífico. Después de pasar un año en Inglaterra estudiando astronomía, navegación y geografía, dirigió otra expedición a las tierras deshabitadas de Canadá en mayo de 1793. El grupo de diez hombres y su equipo se embarcaron en una canoa hecha con cortezas de abedul de 7.6 metros de largo. La canoa, de construcción sólida pero a la vez ligera, transportó al grupo —cuyos miembros remaron vigorosamente— hacia el oeste por el río Peace. Después de dos semanas, Mackenzie avistó los picos de las Montañas Rocosas a la distancia. El río se hizo estrecho y su cauce se adentró en imponentes desfiladeros donde las aguas corrían a gran velocidad chocando contra las traicioneras rocas que las convertían en blanca espuma. Los hombres abandonaron los remos y usaron pértigas para impulsar afanosamente la canoa río arriba. Las aguas atraparon la canoa en varias ocasiones y la estrellaron contra las rocas, haciéndole agujeros en varios sitios. El grupo se detuvo otras tantas veces para hacer reparaciones y algunos de sus miembros llegaron a pensar que el viaje estaba condenado al fracaso. Pero Mackenzie no se rindió. Ordenó a sus hombres transportar la canoa y las provisiones por tierra para emprender un recorrido agobiante por bosques y campos con densa vegetación. Después de tres días, el grupo había logrado atravesar los rápidos y pudo navegar nuevamente por el río Peace.

Durante tres semanas más, el grupo avanzó con dificultad hacia el oeste y finalmente se reunió con un indio que los guió hasta un río que desembocaba en el Pacífico. Pero el viaje corriente abajo fue aún más difícil que remar río arriba. En un punto del recorrido los hombres perdieron el control de la canoa y se estrellaron contra las rocas. La canoa se partió por la mitad y las provisiones se desaparecieron en los remolinos de la corriente. Los miembros del grupo pensaron que la única opción era regresar, pero Mackenzie les ordenó que repararan la canoa, y continuaron el viaje. Por fin, el 20 de julio de 1793 la partida salió de un río para entrar en una bahía salada justo al norte de la isla de

Vancouver. Después de un viaje agotador de diez semanas, Mackenzie había llegado al Pacífico. Realizó algunas lecturas de navegación y guió al grupo de regreso a casa. En 1801 publicó un relato de sus viajes en la obra *Viajes desde Montreal*. Uno de los lectores más entusiastas del libro fue Thomas Jefferson, uno de los presidentes de Estados Unidos.

*Para poder avanzar, la expedición de Lewis y Clark dependía por completo del estómago. Lewis escribió que para alimentar a sus 45 hombres durante 24 horas, necesitaban cuatro venados y un alce o un búfalo.*

## ¿Quiénes fueron Lewis y Clark?

En 1803, el presidente Jefferson realizó una de las compras de tierra más grandes de la historia. Napoleón, el emperador francés, necesitaba dinero para financiar sus operaciones militares en Europa y le ofreció en venta todos los territorios que poseía Francia en América del Norte por 15 millones de dólares, o 3 centavos por acre (1 acre = 4.047 metros cuadrados). Con la compra de Louisiana, que incluía todo el río Mississippi y sus corrientes y ríos tributarios, el tamaño de Estados Unidos se duplicó. Jefferson, un curioso insaciable de la ciencia y la naturaleza, quería saber más acerca de este enorme territorio inexplorado. ¿Cómo era el paisaje? ¿Qué animales y plantas había ahí? ¿Qué tipo de personas habitaban la tierra y cómo vivían? Para responder estas preguntas, Jefferson organizó una expedición y eligió a uno de sus amigos más cercanos, el joven de veintinueve años Meriwether Lewis, para dirigirla. Lewis conocía la importancia y el peligro del viaje e invitó a otro amigo, William Clark, para que compartieran el mando. Estos dos exploradores, Lewis y Clark, invirtieron más de dos años y recorrieron más de 12 900 kilómetros en el viaje de exploración más famoso de la historia de Estados Unidos.

## ¿Quién fue Sacajawea?

Durante el invierno de 1803-1804, Lewis y Clark acamparon en el punto en donde confluyen los ríos Missouri y Mississippi. En la expedición participaban 29 soldados y 16 ayudantes que los acompañarían durante el primer año antes de regresar. Los hombres, comida y equipo viajaron en dos canoas fabricadas con troncos ahuecados y en un bote de 16 metros de largo. La expedición comenzó su travesía remando por el río Missouri el 14 de mayo de 1804. Los hombres viajaron por el ancho río durante semanas esquivando los troncos flotantes, las ramas sumergidas y las arenas movedizas. Para mediados de julio habían llegado a las amplias tierras cubiertas de pasto de las Grandes Planicies, que se extendían initerrumpidamente en el horizonte. Durante los dos meses siguientes, Lewis escribió relatos fascinantes acerca de la

*Continúa en la página 66*

Este mapa de 1797 es uno de los siete que se publicaron en *The American Gazetteer*, la primera obra completa de la geografía de América del Norte. Elaborado por el clérigo, maestro y geógrafo Jebediah Morse (el padre de Samuel Morse, el inventor del telégrafo), el mapa muestra el imaginario "río del Oeste" y vastas áreas sin datos al oeste del Mississippi, lo que revela el alcance del conocimiento de la época.

Meriwether Lewis, quien sostiene con donaire su mosquete, dirigió junto con William Clark la misión exploratoria más famosa en la historia de Estados Unidos por las regiones del oeste y el noroeste de Estados Unidos, de las que aún no se tenían mapas.

*continúa de la página 63*

vida animal del lugar, donde se podían ver antílopes, tejones, liebres y coyotes.

Manadas de búfalos oscurecían las planicies. Cientos de animales pequeños vivían en madrigueras subterráneas. El eco de sus gritos y chillidos se escuchaba a kilómetros de distancia. Lewis los llamó "ardillas ladradoras". Un sargento les puso "perros de la pradera", nombre que hasta hoy conservan.

Por el mes de noviembre la expedición había recorrido 2 575 kilómetros. Cuando enfrió el clima, los hombres comenzaron a construir un campamento a orillas del Missouri para esperar el fin del invierno. Antes de que terminaran, un comerciante de pieles de origen francocanadiense llamado Toussaint Charbonneau, se ofreció para formar parte de la expedición y servir como intérprete. A Lewis le impresionó más la esposa de Charbonneau, una joven india llamada Sacajawea. Ella era de la tribu de los shoshones, quienes vivían al pie de las Montañas Rocosas, lugar al que Lewis esperaba llegar. Persuadieron a Sacajawea de que los acompañara. En los meses siguientes ella se convirtió en una persona muy valiosa para la expedición, y no solamente por sus habilidades como intérprete. En febrero Sacajawea tuvo un hijo. Cuando la expedición se encontraba por primera vez con alguna tribu india, la presencia de Sacajawea, con su bebé atado fuertemente a su espalda, tranquilizaba a los jefes. Ningún grupo con una mujer y un niño tendría pretensiones de guerra.

"La presencia de Sacajawea", escribió Clark, "reafirma a todos los indios nuestras intenciones amistosas".

### ¿Cómo llegó la expedición al Océano Pacífico?

En abril de 1805, el bote de la expedición, una canoa y 12 hombres regresaron a St. Louis cargados de relatos, mapas, plantas secas, pieles de animales, artefactos indios y cajas con otros materiales recolectados por los exploradores. Lewis, Clark y el resto del grupo continuaron el viaje hacia el oeste. Lewis estaba asombrado por el tamaño, fuerza y ferocidad del oso pardo; a menudo se requerían varios disparos para matarlo. "Preferiría pelear contra dos indios que contra un oso", comentó. Al final de mayo, la expedición había recorrido más de 3 200 kilómetros, y algunos hombres se preguntaban si el río Missouri tendría en realidad un punto final. Pero el 26 de mayo Lewis vislumbró a la distancia los picos nevados de las Montañas Rocosas. Después de otros dos meses, la expedición llegó al nacimiento del río Missouri en la región habitada por los shoshones. Pero solamente encontraron las tiendas vacías y abandonadas de los indios. Los shoshones, aparentemente aterrorizados por los visitantes, se habían escondido. Al fin, Lewis sorprendió a tres mujeres indias y las convenció de que venía en plan amistoso. Cuando el jefe de los shoshones, Cameahwait, llegó al campamento de los hombres blancos, Sacajawea rompió en llanto y lo abrazó. El jefe era su hermano. Cuando la expedición abandonó la tribu a fines de agosto, los shoshones los habían provisto de 29 caballos y un nuevo guía llamado Toby, además de que Sacajawea continuó el viaje con ellos.

Durante tres semanas de septiembre de 1805, el grupo avanzó a duras penas por las Montañas Bitterroot. El terreno era peligroso, con bosques espesos que ocultaban pendientes escarpadas y rocosas. Los víveres casi se terminaban. Y peor aún, comenzaban a caer oleadas de nieve, haciendo que el grupo se sintiera en un estado deplorable. Clark recordaba haber estado "mojado y con un frío que me calaba hasta los huesos como nunca antes en mi vida". Finalmente llegaron a una aldea india de los nez percé, donde descansaron y construyeron canoas para recorrer el último tramo del trayecto. Para entonces todos los ríos fluían al oeste hacia el Pacífico, y Lewis y Clark condujeron al grupo por el río Columbia hacia una tierra de bosques lluviosos y densa niebla. El 7 de noviembre de 1805 remaron por la bahía Gray, en donde pudieron escuchar el rugido de las olas del mar golpeando contra la playa. "¡Océano a la vista! ¡Ah! ¡Cuánta felicidad!", escribió Clark.

# En palabras de Lewis y Clark

El presidente Jefferson exhortó a Lewis y Clark a escribir todo lo que vieran en su expedición. La pareja no defraudó al presidente. A continuación se muestran algunos extractos de la obra *La expedición de Lewis y Clark*, escrita por Meriwether Lewis y publicada en 1814.

## Acerca de la cacería del venado de los indios chopunnishes:

[Los indios] utilizan un señuelo. Éste consiste en la piel de la cabeza y la parte superior del cuello de un venado, que mantienen su forma natural gracias a una estructura de varas pequeñas en el interior. El cazador se esconde y tan pronto como observa un venado, mueve el señuelo con sus manos a fin de representar un venado real alimentándose, lo que hacen de manera tan natural que pueden cazar al animal con sus flechas.

*15 de mayo de 1806*

## Acerca de la diversión de tomar un baño:

Nuestros hombres al igual que los indios [willetposes] disfrutaban del baño (en un manantial de aguas termales); estos últimos, de acuerdo con su costumbre universal, primero se meten al agua caliente, en donde permanecen todo el tiempo que pueden soportar el calor, y después se dan un chapuzón en el riachuelo de agua helada. Repiten esta operación varias veces y siempre terminan con el agua templada.

*29 de junio de 1806*

## Acerca de los vientos de las planicies:

Algunas veces los vientos son violentos en estas planicies. Los hombres nos cuentan que cuando traían para acá las canoas sobre ruedas de carreta, izaron las velas y el viento las arrastró durante parte del trayecto.

*26 de junio de 1804*

William Clark le sobrevivió a Lewis casi 30 años.

## ¿Cómo terminó el viaje de Lewis y Clark?

La expedición pasó el invierno en la costa del Pacífico, empapados por las frecuentes tormentas. El 23 de marzo de 1806 comenzaron el largo viaje de regreso. Uno de los grupos, a cuyo mando se encontraba Clark, regresó por el mismo camino que la expedición había seguido de ida. Lewis dirigió a otro grupo por el río Yellowstone, reuniéndose con Clark el 12 de agosto en el punto donde éste confluye con el río Missouri. La expedición siguió su camino por este río y llegó a St. Louis el 23 de septiembre de 1806 en medio de una calurosa bienvenida.

La expedición de Lewis y Clark abrió la puerta para ampliar la exploración del Oeste y, finalmente, para el establecimiento de asentamientos humanos. También respondió a una de las preguntas que habían obsesionado a los exploradores por más de 300 años: ninguna vía fluvial utilizable permitía atravesar América del Norte.

### ¿Quién fue John Charles Frémont?

John Charles Frémont nació en Savannah, Georgia, en 1813. Cuando tenía 25 años participó en una expedición que llegaría a la parte superior del río Mississippi y al río Missouri, donde aprendió cartografía y agrimensura. El senador de Missouri Thomas Hart Benton, quien se convirtió en el suegro de Frémont en 1841, era un ferviente defensor de la expansión de Estados Unidos hacia el oeste. Con el propósito de abrir la región a los colonizadores blancos, el senador patrocinó a Frémont en varias misiones de exploración, lo que le permitió al segundo trazar el mapa de gran parte del territorio entre el río Mississippi y el Océano Pacífico. En la primera expedición, iniciada en 1842, Frémont hizo el mapa de una ruta a través de lo que hoy es Nebraska, Wyoming y Idaho. La ruta se convertiría en el Sendero de Oregón (*Oregon Trail*), un camino por el que llegaron millones de colonos blancos al oeste de Estados Unidos. Cuando hacía el levantamiento topográfico del área, Frémont escaló lo que él pensaba era el pico más alto de las Montañas Rocosas (los historiadores no saben con exactitud cuál fue el pico que Frémont escaló). Después de regresar a Washington, D.C., Frémont y su esposa escri-

## Homenaje a Sacajawea

En 1997, el Congreso de Estados Unidos autorizó la emisión de una nueva moneda de oro de un dólar con la imagen de Sacajawea en una de sus caras. La escultora, Glenna Goodacre, utilizó a una estudiante shoshone como modelo. Goodacre representó a Sacajawea cargando a su pequeño hijo y mirando llena de confianza hacia atrás por encima de su hombro. Con la nueva moneda en circulación se le rinde homenaje a Sacajawea junto con George Washington, Thomas Jefferson y Abraham Lincoln y otros personajes considerados como héroes de Estados Unidos.

## Los hombres de las montañas

Al igual que en el periodo inicial de la exploración de América del Norte, los primeros hombres blancos que vieron estas tierras nuevas solían ser tramperos y comerciantes. Frémont recibió una ayuda enorme de los montañeses que ya habían recorrido el territorio: Kit Carson, Jebediah Strong Smith, Joseph Reddeford Walker y otros. Estos hombres se desempeñaron como guías y proporcionaron información esencial en relación con el clima, la fauna y acerca de todas las tribus indias con las que pudieran encontrarse.

bieron un relato de las aventuras de Frémont, encendiendo la imaginación de la nación frente al potencial del Oeste. En la primavera de 1843, Frémont encabezó nuevamente a un grupo de 40 hombres a las montañas, esta vez para encontrar una ruta adecuada hacia el Océano Pacífico. La expedición avanzó hacia el oeste y encontró el Great Salt Lake (Gran Lago Salado) en lo que hoy es Utah. Frémont dio vuelta al norte, llegó a Oregon, y después viajó al sur de California. Hacia el invierno de 1844, los hombres padecieron hambre y un frío extremo en la Sierra Nevada. Los guías indios los abandonaron, y Frémont y sus hombres se afanaron durante 30 días hasta que finalmente llegaron a un lugar seguro en Sacramento, California. En 1845 Frémont regresó al Oeste donde localizó un nuevo camino hacia California y trazó el mapa del mismo. Nuevamente, Frémont escribió una versión muy colorida de sus aventuras que alcanzó una enorme popularidad entre el público estadounidense, lo que le permitió ganarse el sobrenombre de *Pathfinder* (el que abre nuevas rutas). Además de fomentar los asentamientos de colonos blancos en el Oeste, las expediciones de Frémont le hicieron alcanzar tanta popularidad que en 1856 contendió por la presidencia, pero perdió frente a James Buchanan.

### ¿Quién fue Alexander von Humboldt?

Alexander von Humboldt nació en Prusia en 1769 en el seno de una familia adinerada. Cuando aún era niño, exploraba la propiedad de su padre, examinando con atención los capullos en flor, árboles y plantas. Sin embargo, la madre de Humboldt no aprobaba su interés creciente en la botánica. Ella insistía en que estudiara leyes. Humboldt obedeció y comenzó una trayectoria distinguida en la administración pública. Mas cuando su madre murió, Humboldt abandonó de un día para otro su trabajo y casi un año después, en 1799, compró un pasaje para dirigirse a México. "Qué enorme cantidad de observaciones reuniré aquí acerca

*continúa en la página 74*

El cartógrafo Edward Wells elaboró este mapa de América del Sur en 1700. Lo dedicó al duque de Gloucester, un noble inglés que estudiaba geografía en la Universidad de Oxford. El mapa muestra la "Región de la Amazonia" —la vasta región interior del sur del continente americano— como una región misteriosa y aún desconocida en los mapas.

Alexander von Humboldt a los 87 años de edad. El naturalista incansable reposa cómodamente en su estudio mucho tiempo después de sus arduas expediciones por América del Sur.

*continúa de la página 71*

de la estructura de la Tierra", escribió. "Cuánta felicidad frente a mis ojos. La alegría aturde mis sentidos".

En compañía de un francés de nombre Aimé Bonpland, Humboldt pisó tierra en Caracas, Venezuela, y comenzó a elaborar bocetos y a coleccionar especímenes de flores, árboles y animales de la región. En febrero de 1800, Humboldt y Bonpland se dirigieron al sur hacia el río Amazonas. El calor se hacía cada vez más insoportable, y el grupo comenzó a viajar de noche y a dormitar durante el día en hamacas. Los dos hombres recogieron especímenes, e incluso capturaron anguilas eléctricas en un pantano. Humboldt, impaciente por comprender la capacidad de las anguilas para provocar choques eléctricos, metió las manos en uno de los barriles donde las tenían e inmediatamente comenzó a gritar de dolor. La expedición siguió su marcha hacia el sur y penetró en las selvas de denso follaje, salpicadas de gritos de monos y rugidos siniestros de jaguares. Los ríos y corrientes hervían de ávidas pirañas que podían arrancar la carne de un hueso en minutos. Humboldt estaba fascinado con la exuberante vida que había a su alrededor, y su curiosidad no le permitió dejar algo sin examinar. Pasó más de cuatro años en América del Sur y México, y al final regresó con más de 60 mil especímenes a Europa. El renombrado naturalista dedicó los siguientes 23 años de su vida a clasificar y a publicar sus hallazgos, reunidos en 30 volúmenes.

La pasión de Inés Mejía por la exploración y la recolección de especímenes de la fauna silvestre la llevó a Alaska, Brasil, Perú, Ecuador, Argentina, Bolivia y México.

### ¿Quién fue Inés Mejía?

Inés Mejía, descendiente de pobladores mexicano-estadounidenses, nació en Texas en 1870 y pasó la mayor parte de su vida en Texas, Filadelfia y la ciudad de México. Tras la muerte de su esposo, se mudó a San Francisco, California, y se convirtió en trabajadora social. A los 51 años de edad ingresó a la Universidad de California y comenzó a estudiar botánica. En ese entonces aún no se habían identificado muchas de las plantas de América del Norte y América del Sur. En 1925 formó parte de una expedición que se dirigió a México y recogió muestras biológicas. Regresó al año siguiente a los estados del occidente de México, esta vez viajaba sola. En los años siguientes recolectó especímenes en Alaska, Brasil, Perú, Ecuador, Argentina, Bolivia y México. Trabajando sola la mayor parte del tiempo, realizó observaciones culturales acerca de los pueblos con los que vivió y reunió más de 150 mil plantas, lo que dio como resultado el descubrimiento de más de 500 especies nuevas.

### ¿Quién fue Ludwig Leichhardt?

Friedrich Wilhelm Ludwig Leichhardt nació en Prusia en 1813 y estudio ciencias naturales y filosofía en las universidades de Berlín y Gotinga. Cuando era joven viajó por Europa realizando trabajo de campo y adquirió fluidez en los idiomas inglés, francés e italiano. En 1841 un socio inglés patrocinó el viaje de Leichhardt a Australia, lugar en donde planeaba utilizar sus habilidades para explorar el interior de la joven colonia. De 1842 a 1844 reunió especímenes de plantas y rocas en el valle del río Hunter. En 1844, participó en una expedición por tierra a puerto Essington. Pero se impacientó con la lentitud del viaje y reunió dinero para realizar su propio viaje.

En octubre de 1844, Leichhardt y diez hombres se aventuraron a la parte interior de Australia con la intención de abrir una ruta por tierra desde Brisbane en la costa este hasta puerto Essington en la costa norte. Los miembros de la expedición adolecían de la falta de experiencia. Al avanzar solamente 10 kilómetros al día, la expedición perdió una de sus tiendas de campaña y una quinta parte de su harina. Dos hombres abandonaron la empresa. Los otros reñían acremente. Leichhardt, siendo un líder ineficaz, no logró mantener la armonía del grupo. El 25 de junio de 1845 los aborígenes los atacaron y mataron a uno de los hombres e hirieron a dos más. Para entonces el grupo, diezmado y exhausto, estaba al borde de la muerte por inanición. Aunque Leichhardt tenía provisiones para un viaje de siete meses, la comida se había acabado. Desesperado, utilizó sus conocimientos para identificar plantas comestibles. El 17 de diciembre de 1844, 14 meses después de haber iniciado el viaje, el grupo llegó a puerto Essington, en donde las personas del pueblo, emocionadas, los recibieron como héroes. Leichhardt, con su reciente fama mundial, planeó otro viaje, en esta ocasión, para atravesar el continente de este a oeste. En marzo de 1848 dirigió otro grupo por las desiertas tierras de Australia en una expedición que, según sus cálculos, iba a durar dos años. Nunca más se supo de ellos.

### ¿Quiénes fueron Burke y Wills?

Hacia mediados del siglo XIX, exploradores como el inglés Matthew Flinders y el francés Nicolas Baudin, habían trazado mapas de la mayor parte de las costas de Australia. Sin embargo, los europeos seguían sin explorar la vasta parte interior del continente. A fin de promover la exploración, la Real Sociedad de Victoria patrocinó una expedición para atravesar Australia de sur a norte. En agosto de 1860, un irlandés llamado Robert O'Hara Burke dirigió un grupo de 15 hombres, 28 caballos y 27 camellos hacia la parte interior del continente. Los animales transportaban tiendas de campaña, armas, equipo y bastimentos de carne salada, jugo de limón y harina en cantidades suficientes para año y medio. Más de 10 mil personas salieron en Melbourne para ver a los hombres partir. Burke les dijo: "Ninguna expedición ha iniciado en circunstancias tan favorables como la nuestra".

Pero en el lapso de un mes, Burke había ya peleado con su segundo al mando y lo había removido de su puesto, nombrando a un inglés llamado William John Wills en su lugar. A finales de octubre, Burke se dio cuenta de que el calor cada vez más intenso del verano estaba secando el paisaje a su alrededor (los meses de verano en el Hemisferio Sur son noviembre, diciembre y enero). Decidió dividir al grupo en dos a fin de facilitar la obtención de forraje para los animales. Burk iba a la cabeza con Wills y seis hombres más con sus animales. El otro grupo se quedó rezagado y Burke decidió continuar hacia la costa norte sin su apoyo. Dividió a su grupo otra vez; en esta ocasión, avanzó el tramo final con otros tres hombres. Tardaron menos de dos meses en recorrer 1 200 kilómetros hasta el mar. Atravesaron las arenas del desierto Stony y los campos cubiertos de hierbas espinosas. A comienzos de febrero, Burke y Wills pudieron oler el océano salado, pero los pantanos y los aguaceros les obligaron a retroceder. Los hombres estaban desilusionados pues no veían el océano, pero a la vez estaban emocionados frente a la posibilidad de atravesar Australia con éxito.

### ¿Cómo fue que la expedición de Wills y Burke terminó en tragedia?

Los cuatro hombres marcaron sus posiciones y comenzaron el regreso a su campamento base en un viaje agotador que los dejó medio muertos de hambre y a uno de ellos le provocó la muerte. Mas cuando llegaron, el campamento estaba abandonado. Una nota les explicababa que el grupo de apoyo todavía no había regresado con provisiones. Preocupados, los hombres del campamento habían decidido dirigirse hacia el sur a fin de encontrarlos. Burke, Wills y un hombre más de nombre King habían sido abandonados a su suerte en medio de Australia, a cientos de kilómetros de cualquier ayuda y con solamente seis cajas que contenían comida para 40 días que el otro grupo había abandonado. Los hombres, débiles y desesperados, trataron de llegar a una estancia ovejera llamada Mount Hopeless ubicada al suroeste. Después de 60 días, los tres hombres habían consumido toda su comida y habían sacrificado a sus camellos. Wills y Burke murieron aproximadamente el 28 de junio. Los aborígenes australianos encontraron a King y lo mantuvieron con vida, lo que le permitió vivir para relatar lo sucedido. Los cuerpos de Burke y Wills fueron recuperados y sepultados en Melbourne como héroes.

### ¿Quién fue Mungo Park?

Mungo Park fue el séptimo de doce hijos de una familia escocesa. Estudió medicina y participó como cirujano en una expedición al África en 1792. En 1795 la Asociación Africana le encargó la misión de encontrar una enorme vía fluvial que supuestamente corría hacia el oeste a través de África y que desembocaba en el Océano Atlántico por la costa oeste del continente. En diciembre de 1795 Park salió de Bathurst (hoy Banjul), una ciudad de la costa oeste de África, con dos sirvientes y viajó por el interior, atravesando lo que hoy son Gambia, Guinea y Mali. Casi de inmediato, Park fue obligado a pagar tributo al rey local, lo que le costó casi la totalidad de su tabaco. En el reino de Medina, el rey Jatta le dio un cálido recibimiento y le advirtió acerca de los peligros que encontraría más adelante, pero Park no se arredró y el rey estuvo de acuerdo en proporcionarle un guía. Park continuó su camino. Algunos reyes le robaron sus posesiones y provisiones. Park fue capaz de impresionar a los demás con sus habilidades quirúrgicas.

En febrero de 1796 Park llegó a Ludamar, en donde el gobernante islámico lo hizo prisionero. El rey lo acusó a él y a sus compañeros de ser espías. Amenazó con cortarles las manos y sacarles los ojos. Después de cinco meses de cautiverio, Park robó un caballó y se escapó. Sin comida ni agua, Park luchó solo. Cansado y hambriento, llegó casi por accidente al pueblo de los fulani, en donde una mujer les dio de comer a él y a su caballo. Park se unió a dos viajeros africanos, quienes lo condujeron hasta su objetivo: el río Níger. Park fue el primer europeo que vio este gran río y que describió su corriente que fluía hacia el este. El 30 de julio comenzó su largo viaje de regreso a la costa, a donde finalmente llegó a mediados de junio de 1797.

Luego de regresar a Escocia, Park planeó establecerse como médico rural. Pero en 1803 la Asociación Africana le pidió que regresara a elaborar el mapa hidrográfico del río Níger. Y debido a que no le iba tan bien como esperaba en su práctica médica, aceptó. En mayo de 1804 Park dirigió a 45 hombres por el mismo camino que había recorrido anteriormente, aunque pronto enfrentó el desastre. La temporada de lluvias comenzó, y de repente los hombres se hallaron empapados y atascados en el lodo. Los reyes locales le exigieron tributo. Después de tres meses, habían muerto 33 hombres y todos los animales. Los sobrevivientes continuaron su camino en un bote con aparejos, pero los confundieron con comerciantes de esclavos. Fueron atacados, y se cree que Park murió ahogado.

### ¿Quién fue Heinrich Barth?

Heinrich Barth nació en Alemania en 1821 y fue un estudiante muy formal. Cuando estuvo en la Universidad de Berlín, estudió con tal ahínco que su padre temía que no tuviera amigos. Con la esperanza de curar la timidez de su hijo, lo mandó a un recorrido por París, Londres y la costa de África del Norte. El viaje no aportó mucho a la capacidad social de Barth pero éste quedó fascinado con África. A la edad de 28 años se unió a la expedición inglesa que dirigía James Richardson, quien había sido misionero. En marzo de 1850, el grupo salió de la ciudad libia de Trípoli para viajar por el desierto del Sahara. Aproximadamente 800 kilómetros al sur de Trípoli, Barth descubrió pinturas rupestres con miles de años de antigüedad. En ellas se mostraba el Sahara cuando pasó de ser una llanura fértil para convertirse en un vasto desierto.

Después de un año de viaje, Richardson murió de malaria, y Barth asumió el mando de la expedición. Aunque por lo general era tímido y torpe, demostró que era un experto en impresionar a los sultanes de los reinos por los que viajó. Los colmaba de costosos regalos y ellos lo recibían cálidamente. Mientras uno de sus compañeros exploraba el lago Chad, un lago que se encuentra al

## La Real Sociedad Geográfica

En 1830, un grupo de ingleses fundó la Real Sociedad Geográfica en Londres como una organización para impulsar el conocimiento geográfico. La sociedad promovió y apoyó muchas de las expediciones que se realizaron en África en el siglo XIX así como en la Antártida a principios del siglo XX. Hoy, la sociedad tiene aproximadamente 13 000 miembros.

oeste de África Central, Barth descubrió algunos tramos del río Benue y del río Shari. Planeaba viajar a Tombuctú por caminos peligrosos debido a los ladrones. Para engañarlos, Barth fingió que su misión era entregar libros religiosos al líder de Tombuctú. El truco funcionó y él y sus hombres pudieron entrar a salvo a la ciudad. Barth exploró África Occidental durante dos años más y finalmente regresó a Trípoli en agosto de 1855. Pronto regresó a Europa después de haber pasado casi seis años en África. Dedicó los siguientes tres años de su vida a relatar sus experiencias en un libro. Muchos de sus contemporáneos consideraban que sus escritos eran aburridos. Al pasar el tiempo, la atención de Barth por el detalle y su ojo sagaz para la observación le valieron el reconocimiento como uno de los más grandes exploradores de África.

### ¿Cuál fue uno de los más grandes misterios para los exploradores europeos de África?

En la década de 1860 un equipo formado por marido y mujer trató de resolver uno de los misterios geográficos más evasivos: el nacimiento del río Nilo, el río más largo del mundo con sus 6 649 kilómetros. La vía fluvial corría hacia el norte atravesando Egipto, de este modo nutría los cultivos y constituyó la base para el desarrollo del imperio egipcio. Los exploradores, tanto de la antigüedad como de los tiempos modernos, habían especulado acerca de su origen y habían buscado éste durante miles de años. El 18 de diciembre de 1862, un inglés llamado Samuel Baker y su esposa Florence emprendieron un viaje para resolver el misterio. Partieron de la ciudad de Jartum, Sudán, y dirigieron una expedición de aproximadamente 100 hombres, cuatro caballos, cuatro camellos y 21 burros en tres botes. Pero después de sólo dos meses de viaje, el grupo encontró a dos exploradores ingleses casi muertos de hambre. Se llamaban John Hanning Speke y James Grant, quienes también estaban en busca del origen del río Nilo. Speke explicó que había regresado al lago Victoria, descubierto y nombrado por él en 1858. (El lago Victoria, el segundo lago de agua dulce más grande del mundo, se extiende por lo que hoy es Tanzania, Uganda y Kenia.) Esta vez, Speke estaba seguro de que el lago era el origen del Nilo. Profundamente decepcionado, Baker le preguntó si quedaba algo más por descubrir. Speke le contestó que él no había podido seguir el río corriente abajo desde el lago Victoria. Una parte extensa del río Nilo continuaba aún sin explorar. De nueva cuenta motivados, los Baker se despidieron de Speke y Grant y continuaron su viaje hacia el sur por tierra.

### ¿Qué encontraron los Baker?

Los Baker pasaron los nueve meses siguientes atravesando la soledad de las tierras africanas o detenidos en algún pueblo debido a que las guerras civiles hacían que el viaje fuera demasiado peligroso. Los Baker eran una pareja formidable. Samuel era impulsivo y decidido. Florence era perspicaz, bien organizada y paciente. Juntos resistieron el viaje a través del terreno montaño-

Samuel y Florence Baker integraron uno de los equipos formados por marido y mujer más famosos de la historia. Sus personalidades complementarias demostraron ser una ventaja muy valiosa en sus aventuras.

so que mató a la mayor parte de sus animales. En enero de 1864 entraron en un área gobernada por un rey de nombre Kamrasi, en lo que hoy es Uganda. Debido a que necesitaban el permiso del rey para continuar hacia el sur, Samuel comenzó a intercambiar regalos con él. Al final, Samuel tenía poco que ofrecer. Kamrasi le pidió sus armas de fuego y herramientas de navegación. Samuel se negó a entregárselas. Kamrasi hizo una última petición: Florence. Samuel desenfundó su revólver y le apuntó al rey mientras Florence profería palabras enardecidas en árabe. El rey estaba paralizado; él pensó que a Samuel le agradaría intercambiar esposas. Los Baker dejaron a Kamrasi dos días después. Por fin, el 14 de marzo el grupo vislumbró el resplandor plateado de un gran lago. Estaban convencidos de que ahí se encontraba el verdadero nacimiento del río Nilo (posteriormente se demostró que estaban equivocados). Samuel lo llamó lago Alberto, en honor del príncipe inglés. El viaje de regreso por el Nilo duró otros dieciocho meses. Después de que los Baker regresaron a Inglaterra, Samuel fue nombrado caballero y la Real Sociedad Geográfica le confirió la medalla de oro "Victoria", su premio más codiciado.

### ¿Quién fue David Livingstone?

David Livingstone nació en Escocia en 1813. Después de estudiar medicina, se dirigió a África como misionero en 1841. Hacia 1843, Livingstone se aventuró a entrar en Kuruman, una apartada región de la actual Sudáfrica, en donde encontró una estación de misioneros en la aldea de Mabotsa. Ahí, en una ocasión en la que Livingstone trataba de convertir a los nativos al cristianismo, un león se abalanzó sobre él lastimándole el brazo izquierdo antes de huir aterrado por los disparos. Livingstone nunca más pudo levantar el brazo por arriba de su hombro.

El desaliento de Livingstone creció al ver que los africanos no tomaban en serio al cristianismo y creía que primero debía destruirse la cultura tribal antes de que ellos lo aceptaran. Según él, para lograrlo era necesario que hubiera un mayor comercio entre África y Europa. En 1849, buscando encontrar una vía fluvial navegable que atravesara el continente, Livingstone viajó al norte desde Mabotsa. Después de recorrer 1 126 kilómetros, descubrió el río Zambezi, una anchurosa vía fluvial que corría hacia el este. Para él, ese era el camino por el que el comercio británico y el cristianismo penetrarían en África. En 1853, dio vuelta al oeste y se aventuró en Angola. Quizá buscaba una conexión entre el río Zambezi y el Océano Atlántico. El viaje a través de este terreno —con selvas exuberantes, campos cubiertos de una hierba hiriente que cortaba la piel y pantanos infestados de mosquitos— le

# Exploradores de África

Antes del siglo XIX, los europeos consideraban que África era fundamentalmente una fuente de oro, marfil y esclavos. A mediados del siglo XIX, Europa se encontraba en la plenitud de su auge industrial. Rebosantes de poder y confianza, los europeos veían a África como proveedora de materias primas para sus industrias y como un lugar para difundir el cristianismo. Debido a que era muy poco lo que sabían acerca del interior del continente, los exploradores blancos provenientes de Europa se lanzaron a la tierra que llamaban el "continente negro".

No obstante, como lo señalara un estadista africano posteriormente, "no había nada por descubrir, [pues] nosotros hemos estado aquí todo el tiempo". El clamor de los europeos considerándose como los primeros en completar un viaje a menudo era exagerado o equivocado. Los mercaderes musulmanes habían viajado casi por toda África y muchos exploradores europeos acompañaron las caravanas de esclavos. El explorador inglés David Livingstone declaró en 1856 que él había sido el primero en atravesar el continente. En realidad, Pedro Baptista y Anastasio José, de origen árabe-portugués y dedicados al comercio de esclavos, habían realizado la proeza 50 años antes. La mayoría de los exploradores europeos no dieron reconocimiento a ese logro.

provocó fiebre y debilidad. Al cabo de seis meses, llegó a la costa del Océano Atlántico. A pesar del cansancio, escribió el relato de sus viajes y preparó mapas meticulosos para enviarlos a Inglaterra, en donde alabaron sus proezas. Mientras tanto, Livingstone se encontraba en marcha nuevamente hacia el este. En el trayecto empezó a perder un oído como consecuencia de la fiebre reumática y por poco pierde un ojo con una rama puntiaguda. El 17 de noviembre de 1855, Livingstone tropezó accidentalmente con una cascada de 100 metros de altura y más de un kilómetro de ancho que rugía entre nubes de rocío. La llamó las Cataratas Victoria, en honor a la reina Victoria de Gran Bretaña. (Las cataratas están en el río Zambezi, frontera de lo que hoy son Zambia y Zimbabwe.) Cuando Livingstone regresó a Inglaterra en 1856, recibió un alud de medallas y alabanzas por sus descubrimientos.

### ¿Cómo rescataron a Livingstone?

El explorador de 43 años regresó a África en 1858 para dirigir una expedición desastrosa aguas arriba del río Zambezi. El río estaba bloqueado por rápidos llenos de espuma, los infames acompa-

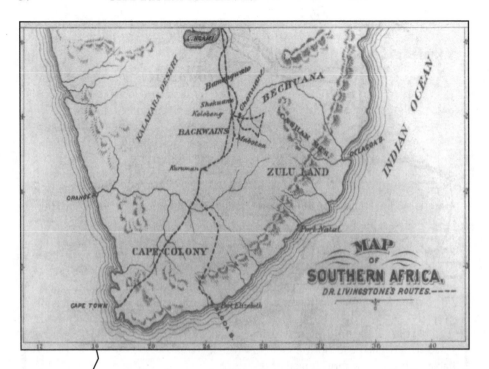

Este mapa muestra las rutas que recorrió David Livingstone en su primer viaje por el sur de África en 1849.

ñantes europeos de Livingstone se pelearon y tres de ellos murieron en las guerras tribales locales. En 1866, Livingstone dirigió otro grupo de exploración por el este de África con la esperanza de encontrar el nacimiento del río Nilo. Hacia 1868, Livingstone había entrado en el lago Bangweulu (en la actual Zambia), un área de pantanos infestados de sanguijuelas. Debilitado por la fiebre, se unió a una caravana de esclavos árabes y continuó buscando su escurridiza presa hasta 1870. Por ese entonces, la gente comenzaba a preguntarse qué le habría pasado, pues durante años el mundo exterior no había tenido noticias suyas. El *New York Herald* envió a un periodista de origen británico-estadounidense llamado Henry Morton Stanley, cuya misión era encontrar al explorador.

En noviembre de 1871, Livingstone yacía exhausto en Ujiji, una aldea situada en la ribera del lago Tanganica; lago que hoy forma la frontera entre Congo y Tanzania. El 10 de noviembre escuchó un alboroto y observó que una multitud con una bandera de Estados Unidos marchaba por la calle. Livingstone se puso de pie y, para su sorpresa, vio a un hombre blanco vestido con ropa de franela y botas recién lustradas. Stanley se encontró con Livingstone y pronunció su hoy famosa frase: "El Dr. Livingstone, me supongo". Lo había encontrado. Livingstone murió en mayo de 1873. Sus fieles cargadores negros, que habían viajado con él durante muchos años, llevaron su cuerpo poco más de 1 500 kilómetros, en un viaje que duró casi un año, hasta la costa, donde fue embarcado de regreso a Inglaterra para darle sepultura.

### ¿Quién fue Henry Morton Stanley?

En 1894, Stanley decidió continuar la exploración de África para conocer de una vez por todas el origen del río Nilo. Valiéndose de su reputación como el salvador de Livingstone, reunió patrocinadores para financiar un grupo de exploración que llegó a las orillas del lago Victoria en febrero de 1875. Después de explorar las costas del lago, se dirigió al sur y luego al oeste, en donde descubrió un río de más de un kilómetro de ancho que fluía hacia el norte. En noviembre de 1876, Stanley dirigió a 356 hombres por las selvas que colindaban con el río, tierras nunca antes vistas por europeos. Cuando los hombres pusieron el bote sobre el río, escucharon voces que se repetían entre los árboles. Los africanos se alertaban unos a otros de la presencia de extraños en un bote. Stanley recuerda: "Nos disparaban flechas de carrizo con veneno en la punta que salían de las selvas conforme nos deslizábamos por el río". "De entre cada arbusto fulguraban ojos ardientes de odio; en la corriente había cocodrilos al acecho esperando su alimento".

## Sidi Mubarak Bombay

Sidi Mubarak Bombay, quien nació aproximadamente en 1820 al este de África, desempeñó un papel importante en la mayoría de las expediciones europeas en África durante las décadas de 1850, 1860 y 1870. En un principio, Bombay prestó sus servicios como soldado con los exploradores ingleses sir Richard Burton y John Hanning Speke en su expedición para encontrar el origen del río Nilo en 1857. En 1860, Speke contrató de nuevo a Bombay, quien se encargó de las provisiones y contrató a los cargadores que las transportarían. En 1871, Henry Morton Stanley llegó a África buscando a David Livingstone. Dado que necesitaba ayuda para las provisiones durante la expedición, buscó a Bombay, quien gozaba entonces de reputación como organizador eficiente y líder eficaz de cargadores y soldados. En 1874, Verney Lovett Cameron escogió a Bombay cuando organizó una caravana para explorar el lago Tanganica en la parte central del sur de África. Mientras Cameron estuvo postrado por enfermedad, Bombay exploró la mayor parte del lago. Como reconocimiento a la contribución de Bombay a la exploración europea, la Real Sociedad Geográfica le otorgó una pensión vitalicia en 1876. Bombay, quien para ese entonces tenía ya un compromiso con otra expedición, renunció inmediatamente y se retiró. Murió en 1885.

Durante semanas, el grupo se abrió paso por el río en sus canoas. En un momento determinado, Stanley y su grupo, cuyo número se había reducido para entonces a poco más de 100 hombres, se toparon con 54 canoas atestadas de guerreros africanos, posiblemente más de dos mil en total. Los hombres de Stanley lucharon con desesperación y utilizaron sus fusiles para obtener una ventaja decisiva. Después de 32 escaramuzas, entraron en territorio seguro por el río, en donde un jefe les dio una entusiasta bienvenida. Stanley le preguntó al jefe cómo se llamaba el río. "Ikutu Ya Kongo", le respondió éste. Stanley lo llamó río Congo. Conforme el grupo seguía avanzando río abajo, las aguas se volvían más traicioneras. Las canoas entraron en el torbellino de espuma de los rápidos del río, donde los remolinos hundieron una de las canoas y estrellaron otra contra las rocas. En una tarde se habían ahogado nueve hombres, una tragedia tan devastadora que Stanley pensó en suicidarse. El río era demasiado peligroso, por lo que les ordenó a sus hombres que abandonaran las embarcaciones y continuaran a pie. En agosto de 1876, Stanley y 108 hombres llegaron a la desembocadura del río en el Océano Atlántico. El sistema fluvial del río Congo quedaba abierto para los europeos. A su regreso a Inglaterra, Stanley escribió un relato de sus viajes titulado *A través del continente negro*, que obtuvo gran popularidad.

### ¿Quién fue Mary Kingsley?

Ataviada con un recatado vestido negro, Mary Kingsley se veía como una inglesa muy formal típica de la Era Victoriana. Pero aunque parezca increíble, ella también formó parte del grupo de exploradores más importantes y valerosos de la época. Nació en 1862 y pasó su juventud recluida, rara vez salía de su casa. Cuando tenía 29 años, sus padres murieron en un lapso de unos cuantos meses y su hermano partió de viaje al Oriente. Devastada, tomó unas vacaciones a las Islas Canarias, en donde escuchó las vívidas historias que relataban los capitanes de barco y los comerciantes acerca de África. Esto encendió su imaginación y la llevó a visitar los puertos de África Occidental en 1893, deleitándose con las personas y los mercados exóticos.

En diciembre de 1894, Kingsley regresó a África. Esta vez con la determinación de explorar parte del continente y enviar especímenes de peces y escarabajos al Museo Británico para su estudio. Kingsley no se condujo como la mayoría de los visitantes europeos anteriores. Mientras que los exploradores del sexo masculino se apoyaron en los fusiles y se rodearon de escoltas armadas, Kingsley recurrió a la confianza en sí misma y a su gran habilidad para el comercio. El 22 de julio de 1895, Kingsley entró en el territorio de Gabón en el Congo Francés y viajó aguas arriba por el río Ogooué. Kingsley sabía que la región estaba habitada por los fang, una tribu de la que se decía que eran caníbales, pero aun así avanzó con ímpetu y firmeza, remando con sus guías y deteniéndose en las aldeas para intercambiar mercancías. Su viaje terminó después de siete días y 113 kilómetros. Había negociado sin contratiempos con las tribus que habitualmente mataban y se comían a sus prisioneros. Cuando regresó a Inglaterra publicó el relato *Viajes por África Occidental*. El libro tuvo un éxito inmediato, aunque su condena severa de la explotación europea en África le acarreó duras críticas. "Por lo que hoy hacemos en África", escribió, "de aquí a mil años habrá africanos que prosperarán o sufrirán las consecuencias".

### ¿Quién fue Isabella Bird Bishop?

Isabella Bird Bishop, una mujer inglesa que nació en 1831, perdió a sus padres cuando tenía 24 años de edad. A partir de entonces sufrió depresión, dolores de espalda e insomnio. Cuando su doctor le recomendó un cambio de paisaje, partió hacia Australia en julio de 1872. Seis meses después tomó otro barco que atravesaría

Isabella Bird Bishop vivió gran parte del tiempo que dedicó a viajar al abrigo de tiendas de campaña. Su gran resistencia y tolerancia a las condiciones adversas le permitían viajar durante meses.

el Pacífico Sur hasta llegar a las islas Hawai. Un huracán amenazó con lanzar al barco hasta el fondo, pero a Bishop le emocionó la aventura. En Hawai observó que tanto los hombres como las mujeres montaban a horcajadas. (En Europa se esperaba que la mujer montara de lado, con ambas piernas a un solo lado del caballo.) Bishop, rompiendo la tradición, cabalgaba al "estilo de los caballeros", y le encantaba. Para ella, el poder y la belleza de la naturaleza resultaron irresistibles. Luchó para ascender hasta la cumbre de los volcanes para observar cómo hacían erupción los ríos de lava. Casi se ahoga en el torrente de agua que fluía por una cañada cuando intentó cruzarla. Empapada, exhausta y magullada..., jamás se había sentido mejor.

Bishop salió de Hawai y se embarcó a Estados Unidos para llegar hasta los picos escarpados de las Montañas Rocosas. Trabajó al lado de los vaqueros y arreó el ganado. Uno de sus guías, Rocky Mountain Jim, estaba tan impresionado que le pidió que se casara con él. Pero ella lo rechazó. "Es un hombre del que cualquier mujer se enamoraría", escribió, "pero ninguna mujer cuerda se casaría con él". Bishop recorrió Japón, China e Indochina (hoy Vietnam) antes de regresar a Inglaterra y contraer matrimonio con un inglés. Escribió libros acerca de sus viajes que alcanzaron gran popularidad.

A la edad de 58 años Bishop viajó con unos misioneros a India, Turquía y Persia. A los 70, recorrió en camello más de 1 500 kilómetros por Marruecos. Escribió acerca de sus experiencias y describió a la gente, pero siempre se sintió más atraída hacia el imponente espectáculo de la naturaleza. Y nunca se sintió cansada de viajar. A pesar de su salud frágil, Bishop podía comer de todo y dormir en cualquier sitio. Su esposo escribió: "Tenía el apetito de un tigre y la digestión de un avestruz". Bishop parecía revivir en medio de la incomodidad. Cuando murió a los 79 años en Inglaterra, sus baúles estaban empacados y listos para realizar un viaje a China.

### ¿Quién fue Lawrence de Arabia?

Thomas Edward Lawrence nació en 1888. Se crió en Oxford, Inglaterra, en donde realizó sus estudios de preparatoria y universidad en el Jesus Christ College. Desde que era estudiante se sintió muy atraído por la arquitectura militar medieval y en 1909 visitó Francia. Viajó en bicicleta por la campiña francesa, donde se detenía para hacer bosquejos de los castillos. Posteriormente viajó a Siria y a Palestina (parte de cuyo territorio ocupa hoy Israel) y comparó los castillos franceses con los que dejaron los cruzados cristianos. Su tesis sobre el tema le ganó muchos elogios, pero su contacto con el Medio Oriente cambió su vida. Cuando se dirigía a Siria, fue atacado y vencido por una turba. Una familia lo acogió cuando estaba herido y lo cuidó hasta que sanó. La admiración de Lawrence por los árabes creció. En l911 participó en una expedición arqueológica a la región de Mesopotamia. La Primera Guerra Mundial estalló en l914, poniendo a Alemania, Austria y Turquía en contra de Inglaterra, Francia y Rusia. Lawrence regresó al Medio Oriente y ayudó a trazar el mapa de la península del Sinaí para los británicos. Al final de l914, Lawrence se había convertido en un oficial de inteligencia en el Medio Oriente y exhortó a los británicos para que apoyaran las revueltas árabes contra el imperio turco. Lawrence se unió a las operaciones de la guerrilla y los organizó para que atacaran al ejército turco. Sus proezas se convirtieron en leyenda y los reporteros de los periódicos lo llamaban "Lawrence of Arabia". Lawrence recapituló sus aventuras en un libro titulado *Los siete pilares de la sabiduría*, publicado en 1927.

### ¿Quién fue Gertrude Bell?

Gertrude Bell nació en Durham, Inglaterra, en 1868. Estudió en el Lady Margaret Hall en Oxford y se graduó en historia con todos los honores. Bell viajó por primera vez al Medio Oriente en l892; le escribió a un amigo que era "el lugar que siempre había anhelado ver". Visitó a su tío, quien era el embajador británico en Teherán, una ciudad en Persia (hoy Irán). Pronto aprendió la lengua persa y tradujo poesía al inglés. En l899 viajó a Jerusalén para estudiar árabe y visitó Líbano y Jordania para ver las ruinas de la antigua Roma. Bell comenzó a viajar mucho y le dio la vuelta al mundo dos veces antes de regresar al Medio Oriente en l905. Esta vez viajó por Siria y Turquía, vivió en tiendas de campaña y se quedó en las casas de amigos de su familia. A excepción de sus sirvientes árabes, Bell viajaba sola, y en ocasiones fue la primera mujer europea en contemplar el espectáculo del Medio Oriente. Escribió acerca de sus experiencias en *Siria: el desierto y las siembras* (l907). En l909, Bell viajó por el río Éufrates hasta Bagdad. En l913 visitó Ha'il, una ciudad situada en la parte central de Arabia que raramente visitaban los occidentales. Durante la Primera Guerra Mundial (1914-1918), utilizó sus amplios conocimientos acerca del Medio Oriente y ayudó a los ingleses a promover la revuelta entre los árabes. Se estableció en Bagdad en l917, ciudad que se convirtió en su hogar por el resto de su vida.

Este mapa de 1721 revela que los europeos estaban muy familiarizados con la geografía del Medio Oriente, aunque seguían sin conocer en gran medida las culturas locales. Para algunos exploradores del siglo XIX como Isabella Bishop y Gertrude Bell, la región estaba envuelta en una atmósfera de misterio, y los ávidos lectores de sus libros consideraban que las narraciones de sus viajes eran muy emocionantes y exóticas.

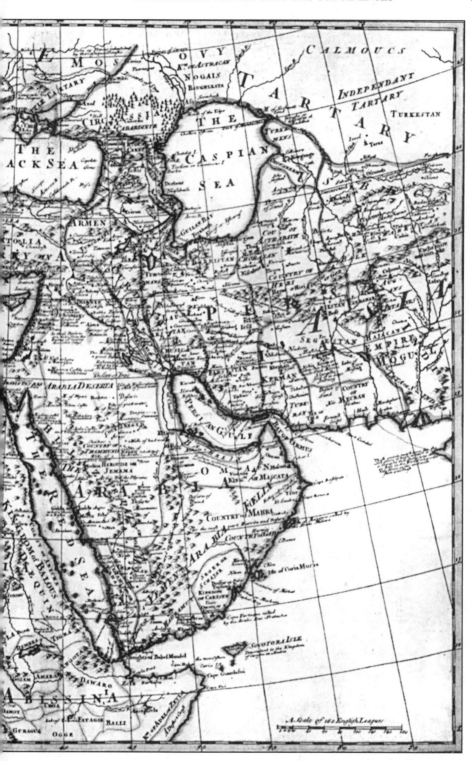

Nellie Bly, quien aquí aparece lista para su viaje, alcanzó fama mundial cuando viajó alrededor del mundo en 72 días, 6 horas, 11 minutos y 14 segundos.

### ¿Quién fue Nellie Bly?

Elizabeth Cochrane leyó un artículo titulado "¿Para qué sirven las chicas?" en la revista *Pittsburgh Gazette* en 1885. La conclusión a la que llegaba el artículo era que las mujeres no valían mucho. Cochrane, furiosa, le envió enseguida una airada carta al editor. Éste quedó impresionado con el espíritu de Cochrane y con su habilidad para escribir. Lejos de sentirse ofendido, le ofreció empleo. En la *Gazette* Nelly comenzó a utilizar un pseudónimo que algún día alcanzaría fama mundial: Nellie Bly. Cochrane escribió al principio acerca de la gente pobre de Pittsburgh y después viajó a México, en donde describió la corrupción del gobierno. Furiosos con sus duras críticas, los mexicanos la expulsaron. Cochrane dejó Pittsburgh para trabajar en el *New York World* de Joseph Pulitzer. Para escribir una historia, se hizo pasar por loca a fin de que la internaran en un manicomio durante diez días. Sus artículos acerca del terrible trato a los enfermos mentales provocó indignación y condujo a la reforma del sistema. El 14 de noviembre de 1889 comenzó su más grande aventura. El francés Julio Verne había escrito una novela titulada *La vuelta al mundo en 80 días.* Cochrane decidió que ella lo haría en menos tiempo. Viajando por barco, tren, carreta, rickshas y sampán, Cochrane le dio la vuelta al globo y regresó a Nueva York en 72 días, 6 horas, 11 minutos y 14 segundos después de su partida. Más tarde, escribió *La vuelta al mundo en 72 días*, un libro muy popular que le ganó gran cantidad elogios.

### ¿Quién fue Alexandra David-Neel?

Ningún europeo había conseguido obtener el permiso para entrar en la ciudad de Lhasa, Tíbet, hogar del sagrado Dalai Lama, el líder budista del Tíbet. Sin embargo, en 1924 una mujer francesa de 55 años de edad, con la piel pintada y el pelo teñido de oscuro con tinta y vestida como un campesino mongol, entró en la ciudad prohibida. Con su hijo adoptivo como única compañía, viajaba de noche y descansaba de día. En una ocasión, unos asaltantes emboscaron a la pareja; la mujer disparó su pistola y los asustó. Finalmente, entró en Lhasa y después regresó para contar al mundo las maravillas del lugar. Su nombre, Alexandra David-Neel cobró fama mundial.

David-Neel nació en el seno de una familia rica en Francia en 1868. Cuando era adolescente, mostró un espíritu independiente y desinterés por lo que los demás pensaran de ella. Viajó sola en bicicleta a España y por tren a Italia, conductas que eran motivo de escándalo en esa época. Al cumplir los 21 años había cultivado una gran fascinación por las religiones orientales y gastó la herencia de su familia para visitar India y Sri Lanka. Regresó a Europa en 1893, estudió música, y viajó por el oriente de Asia, el norte de África y el Mediterráneo, tocando el piano y

Alexandra David-Neel se convirtió en la primera mujer que consiguió visitar Lhasa, Tíbet, el hogar del sagrado Dalai Lama.

cantando. Todo esto, lejos de calmar su fascinación por el Oriente, la avivó. Escribió un libro sobre budismo y en 1912 viajó a la frontera noreste de India. Ahí conoció al Dalai Lama, quien había huido de su país debido a la invasión china. Durante varios meses, vivió en la cueva de una montaña; entró en un monasterio budista y conoció a un joven de 15 años llamado Afur Yongden, a quien adoptó más tarde. En octubre de 1917, David-Neel viajó al oeste desde Pekín y atravesó China en un viaje de 3200 kilómetros por la campiña asolada por la guerra. Al fin llegó a Kumbun, una ciudad ubicada en la frontera entre China y Tíbet, en 1920. Permaneció ahí durante tres años y tradujo textos budistas al francés. En 1923 inició su famoso viaje a Lhasa y en 1924 se convirtió en la primera europea que posó su mirada en la ciudad sagrada.

Quiénes eran los navegantes polinesios?
Quién fue Comte Louis Antoine de Bougainville? ◆ ¿Cómo descubrió Bougainville Tahití?
Cómo regreso Bougainville a Francia? ◆ ¿Quién ue James Cook... ...tó Cook explorar la Antártida? ◆ ¿Cómo murió Cook? ◆ ¿Quiénes fueron Charles William Beebe y Otis Barton? ◆ ¿Quiénes fueron Jacques Piccard y Donald Walsh? ◆ ¿Quién fue Jacques Cousteau? ◆ Quién fue Sylvia Earle? ◆ ¿Quién buscó el Tita

# EXPLORACIÓN DE OCÉANOS Y DESCUBRIMIENTO DE ISLAS

### ¿Quiénes eran los navegantes polinesios?

Los polinesios viajaron desde Asia a los cientos de islas del Pacífico Sur siglos antes de que los europeos navegaran por el Océano Pacífico. Surcaron el océano en canoas gigantes, algunas hasta de treinta metros de largo. A fin de construir una embarcación más apropiada para la navegación marítima, los polinesios unieron dos canoas por lo largo y aseguraron una cubierta transversal a la mitad. Las cubiertas de estas sólidas embarcaciones proporcionaban una plataforma sobre la que se podía pescar, cocinar así como transportar mercancías y pasajeros. Para aprovechar el viento se colgaba una vela en un mástil. Utilizando las estrellas como guía, los polinesios navegaron entre los cientos de islas del Pacífico Sur y así libraron batallas, comerciaron y poblaron nuevos territorios. En el siglo XVIII, el explorador inglés James Cook estaba sorprendido por el alcance de los asentamientos polinesios.

### ¿Quién fue Comte Louis Antoine de Bougainville?

En l763 los franceses firmaron un tratado con los ingleses para poner fin a las guerras entre franceses e indios. El tratado significó una derrota aplastante para los franceses debido a que otorgaba a los ingleses todas las colonias francesas de América del Norte. Con el Hemisferio Norte cerrado para los franceses, un soldado francés llamado Louis Antoine de Bougainville encabezó una tripulación de 400 hombres hacia las vastas e ignotas aguas del Océano Pacífico. El rey de Francia Luis XV

## Thor Heyerdahl

Científicos e historiadores han debatido largamente si las culturas de la antigüedad cruzaron los océanos del mundo miles de años antes que Cristóbal Colón. Un noruego llamado Thor Heyerdhal decidió probar esta teoría en la práctica. Cuando vivía en la isla de Fatu Hiva en el Pacífico Sur escuchó a la gente decir que habían llegado originalmente desde las tierras del este (América del Sur). Más tarde, Heyerdahl encontró similitudes entre las esculturas de piedra de Fatu Hiva y los postes de madera tallados por los indios del noroeste del Pacífico. Construyó la teoría de que los indios norteamericanos habían emigrado desde América del Sur a las islas del Pacífico Sur. Mas no contento con la pura teoría, en 1947 construyó una balsa de 14 metros con troncos y bambú y se lanzó al mar junto con una tripulación de cinco hombres desde Perú. Las corrientes del océano arrastraron la balsa hacia el norte y después al oeste para lanzarla al mar abierto. Después de navegar a la deriva durante 101 días en los que recorrieron 6 900 kilómetros, Heyerdahl y su tripulación llegaron a las islas Tuamotu en el Pacífico Sur. Apoyado en este éxito, pensó después en la similitud entre las pirámides de Egipto y las pirámides de América Central. En 1969 construyó un bote con carrizos de papiro y viajó por el Océano Atlántico desde el norte de África hasta Barbados, una isla frente a las costas de América del Norte. Las teorías de Heyerdahl eran extremadamente controvertidas y los historiadores y antropólogos siguen discutiendo si sus viajes son o no una prueba de los primeros viajes a través del mar. Con todo, sus viajes representan ejemplos contemporáneos del arrojo que tuvieron los primeros exploradores.

esperaba que Bougainville descubriera tierras nuevas ricas en especias y joyas para el Imperio Francés. Bougainville salió de Francia el 15 de noviembre de 1766 en una sólida fragata con 26 cañones llamada *La Boudeuse*, con un barco de abastecimiento que la seguía de cerca. Las tormentas obligaron a hacer reparaciones, y hubo de transcurrir más de un año para que Bougainville zarpara hacia el sur y navegara por el traicionero Estrecho de Magallanes. El 26 de enero de 1768 los dos barcos entraron en el Pacífico, estallando en júbilo capitán y tripulación. Durante los tres meses siguientes *La Boudeuse* navegó con curso sostenido a través del Pacífico Sur. Bougainville se preocupaba por esterilizar el agua a fin de mantener sana a su tripulación, pero sin frutas ni verduras, algunos enfermaron de escorbuto. Finalmente, el 22 de marzo apareció en el horizonte una isla rodeada por una playa con manchas de bosque. Emocionado, Bougainville ordenó que el barco se aproximara. Los detuvo un arrecife de corales afilados como navajas que rodeaban la isla como un muro. En medio de la desilusión, *La Boudeuse* y el barco de provisiones tuvieron que proseguir su camino.

### ¿Cómo descubrió Bougainville Tahití?

Once días después, el 2 de abril de 1768 los marineros a bordo de *La Boudeuse* avistaron una isla verde oscuro que se alzaba en el Pacífico. Bougainville y su tripulación tardaron cuatro días en sortear los arrecifes que rodeaban la isla. Enjambres de isleños llegaron en canoas desde la isla y rodearon el barco ofreciéndoles una calurosa bienvenida. Bougainville observó que muchas de las canoas estaban llenas de mujeres hermosas, y que iba a ser difícil "mantener en sus puestos a 400 jóvenes marineros franceses que no habían visto mujeres durante seis meses". La isla, llamada Tahití, le pareció a Bougainville un paraíso tropical pletórico de gente feliz que vivía en la inocencia. Los franceses permanecieron nueve días en la isla disfrutando el paisaje y la hospitalidad, pero también se dieron cuenta de que los tahitianos eran habilidosos amigos de lo ajeno que encontraban regocijo en robar. Bougainville, con sus reservas de comida disminuidas, quería continuar hacia el oeste. Reclamó la isla para Francia y prosiguió su camino.

### ¿Cómo regresó Bougainville a Francia?

*La Boudeuse* se detuvo en varias islas más, pero muy pocas de ellas eran tan hermosas y hospitalarias como Tahití. En una de ellas, los nativos estaban enfermos y atacaron a los franceses cuando éstos trataron de hacer un intercambio para obtener comida. Bougainville la llamó la Isla de los Leprosos. Hacia fines de mayo, las provisiones estaban a punto de agotarse y Bougainville y su tripulación se vieron obligados a matar ratas para alimentarse. En junio, el barco se aproximó a la Gran Barrera de Arrecifes cerca de las costas de Australia. Sin embargo, Bougainvi-

*continúa en la página 100*

## Baré: la primera mujer que circunnavegó el mundo

Mientras la expedición de Bougainville navegaba por el Pacífico Sur, en ambos barcos corría un rumor que él tuvo que investigar finalmente. Uno de los mozos tenía la piel suave y formas femeninas, y además tomaba precauciones estrictas para no ser visto cuando se cambiaba de ropa. "Cuando subí a bordo", escribió Bougainville, "Baré, con el rostro bañado en lágrimas, reconoció ante mí que era una mujer. . . que ella bien sabía al embarcarse que íbamos a darle la vuelta al mundo y que tal viaje hizo aflorar su curiosidad". Al disfrazarse de hombre, Baré se convirtió en la primera mujer que circunnavegó el mundo.

Los viajes de Cook a través del Océano Pacífico hicieron grandes aportaciones al conocimiento geográfico que poseían los europeos. Este mapa, elaborado a mediados del siglo XVIII, muestra detalles de las rutas que siguió y de las exploraciones que realizó.

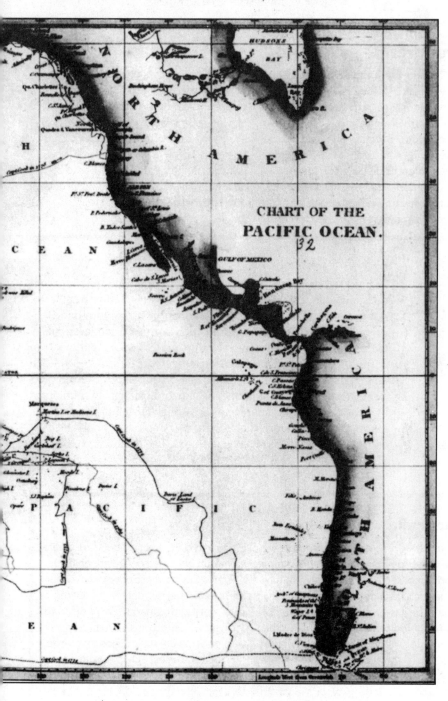

## Ahutora

Cuando los franceses estaban por partir de Tahití, el jefe tahitiano le rogó a Bougainville que tomara a Ahutora, un joven tahitiano, como regalo de partida. Bougainville estuvo de acuerdo y Ahutora resistió los dos años siguientes de viaje con los franceses, llegando a salvo a París en 1769. Ahutora se convirtió en una celebridad entre los franceses, quienes lo consideraban un salvaje puro y noble. A pesar de que Ahutora se adaptó a la cultura francesa, desarrolló un gusto por el vino y la música franceses y tuvo aventuras amorosas, la nostalgia por su hogar crecía en él. Con ayuda de Bougainville, Ahutora abordó un barco con destino a Tahití, pero murió de viruela en el trayecto.

*continúa de la página 97*

lle enfiló su barco hacia el norte a fin de evitar los traicioneros corales, dejando tras de sí el gran continente sin haberlo descubierto. A finales de junio, los marineros tenían tanta hambre que Bougainville se vio obligado a girar la orden de que no comieran cuero. Golpeados por las tormentas y la lluvia, los barcos maniobraron entre corrientes peligrosas, arrecifes de coral e islas. Era difícil conseguir comida. Muchas de las islas ya habían sido exploradas por otros europeos, por lo que los nativos atacaban a los hombres blancos cuando éstos aparecían y los obligaban a huir. En otra isla, los marineros descubrieron agua dulce, pero les fue imposible pescar debido a las hidras y las escorpinas. En agosto, la comida del

## Australia

En el siglo II, el astrónomo griego Claudio Tolomeo propuso una teoría incorrecta pero que tuvo mucha influencia. Sabía de la existencia de Europa y de las civilizaciones alrededor del mar Mediterráneo. También sabía acerca del Medio Oriente y tenía un conocimiento vago del gran continente de Asia que estaba detrás. Pero, pensaba, ¿cómo puede girar la Tierra sin desequilibrarse, cuando toda la tierra parece estar en el Hemisferio Norte? Construyó la teoría de que debía existir un enorme continente en el Hemisferio Sur para proporcionarle equilibrio a las tierras del norte. Llamó a esta tierra imaginaria *Terra Australis Incognita*, nombre que significa "tierra desconocida del sur". Siglos más tarde, los exploradores europeos como James Cook y Comte Louis Antoine de Bougainville navegaron en busca de esta tierra.

barco se había terminado por completo y la tripulación perdió toda esperanza cuando murió el primer marinero de escorbuto. "La gente ha discutido mucho acerca de la ubicación del infierno", escribió Bougainville. "Francamente, nosotros la hemos descubierto." Por fin, el 30 de agosto la exhausta tripulación vislumbró un asentamiento holandés en la isla Buru. La tripulación casi muerta de hambre fue recibida con una comida espléndida por parte de sus anfitriones holandeses. Después de descansar y recuperarse, Bougainville se hizo a la mar y regresó a Francia siete meses y medio después para ser recibido como un héroe.

### ¿Quién fue James Cook?

James Cook nació en Marton, Yorkshire. Cuando era adolescente trabajó en una tienda en un pueblo costero, lo que le permitió conocer el océano y los barcos. A los 18 años de edad se desempeñó como aprendiz de un naviero y aprendió a maniobrar y a navegar en el Mar del Norte. Después de varios años, se unió a la Real Armada deseoso de tener más aventuras y progresar. Adquirió notoriedad gracias a su capacidad de mando y logró ascender. En 1768 llevó a un grupo de científicos a bordo del Buque de Su Majestad *Endeavour* y se dirigió a Tahití, en donde registraron un evento astronómico llamado el tránsito de Venus. Cuando la observación terminó, Cook abrió un paquete secreto de instrucciones provenientes de la Armada Británica que le ordenaban navegar hacia el sur para levantar mapas del gran continente del sur y explorarlo. En julio de 1769 Cook ordenó que el *Endeavour* levara anclas y se dirigió al sur. Atravesó una maraña de islas y siguió adelante; el clima se hacía cada vez más frío. A principios de septiembre los vigías no habían visto nada más que el gris oleaje del mar. Convencido de que no existía tierra más al sur, viró al oeste. Después de otro mes, la tripulación avistó las colinas boscosas de Nueva Zelanda. Cook utilizó sus extraordinarias habilidades cartográficas para elaborar un mapa de la costa de la isla. Posteriormente, el *Endeavour* reanudó su curso hacia el oeste y encontró la Gran Barrera de Arrecifes a lo largo de la costa oeste de Australia. Cook sabía de la existencia del continente, pero su línea costera no había sido cartografiada. Cook navegó con cuidado a lo largo del arrecife, considerado aún una de las áreas del mundo más peligrosas para un barco.

El *Endeavour* sufrió una brusca sacudida el 11 de junio y la tripulación escuchó el ruido aterrador del coral haciendo hoyos en el casco de madera del barco. Éste se estremeció hasta detenerse, incrustándose firmemente en el arrecife. La tripulación se apresuró a tirar por la borda más de 50 toneladas de provisiones para aligerar el barco. La marea subió y la tripulación tiró con deses-

James Cook, el arrojado explorador y cartógrafo inglés, exploró las islas del Océano Pacífico en cuatro largos viajes.

peración del ancla para liberar por fin el barco, a pesar de que el casco se inundaba con mayor rapidez que el agua que podían achicar las bombas. Cook llevó el averiado barco hasta la desembocadura de un río, en donde los carpinteros ocuparon las siete semanas siguientes reparando el casco. El *Endeavour* regresó al mar y Cook lo dirigió a casa. Llegaron en julio de 1771.

## ¿Cómo intentó Cook explorar la Antártida?

Al año de haber regresado de su primer viaje, Cook dirigió otra expedición al Pacífico Sur, esta vez en una embarcación llamada *Resolution*. Cook se aventuró en las aguas heladas de los océanos del sur. En diciembre escribió: "Nos detuvo un inmenso campo de hielo que parecía no tener fin". Vacilante, Cook avanzó a lo largo del hielo, navegando hacia el sur más lejos que ningún otro explorador. Seguía viendo placas de hielo que se extendían en el horizonte, pero no había montañas ni tierra, ni evidencia alguna de la existencia de un continente del sur. Viró hacia el norte para dirigirse a las aguas tropicales del Pacífico Sur, donde recabó información y cartografió los cientos de islas que salpicaban el inmenso océano. Aún interesado en continuar la exploración, regreso a las gélidas aguas del sur y navegó alrededor de la Antártida siguiendo un círculo enorme. El hielo atascó los aparejos y Cook ordenó al sastre del barco hacer ropa más gruesa y abrigadora para la tripulación. "El frío, [es] tan intenso que difícilmente puede soportarse", escribió Cook, "[con] el mar entero cubierto de hielo, las intensas ráfagas de viento y una niebla densa". También en esta ocasión un muro de hielo detuvo a Cook. En julio de 1775 llegó a salvo a Inglaterra después de navegar 112 600 kilómetros. Proclamado héroe, Cook recibió como premio una pensión y un ascenso.

## ¿Cómo murió Cook?

Aunque parezca difícil creerlo, pronto Cook volvió a sentir gran inquietud de hacerse al mar. En julio de 1776 dirigió dos barcos, el *Resolution* y el *Discovery*, de regreso a lo desconocido. Esta vez esperaba encontrar la Piedra Filosofal de los exploradores: el Paso del Noroeste a través de América del Norte. Cook atravesó el Océano Índico, rodeó Australia y cruzó las islas que entonces ya le eran familiares. El 18 de enero de 1778 avistó una hilera de islas magníficas que se levantaban como joyas verdes en el Océano Pacífico. Las llamó Islas Sandwich. Hoy las conocemos como Hawai. Continuó su camino hacia el este y el 7 de marzo vislumbró la costa de Oregon. Dio vuelta al norte y navegó por la costa de América del Norte hasta entrar en el Estrecho de Bering, que separa a Asia de América del Norte. Ningún pasaje rompía la línea costera. Como había ocurrido al rodear la Antártida, el barco de Cook estaba envuelto por un frío punzante. Los hombres mataban enormes morsas para alimentarse. Cook prosiguió su camino hacia el Ártico, donde fue detenido por un muro de hielo de más de tres metros y medio de espesor.

*continúa en la página 106*

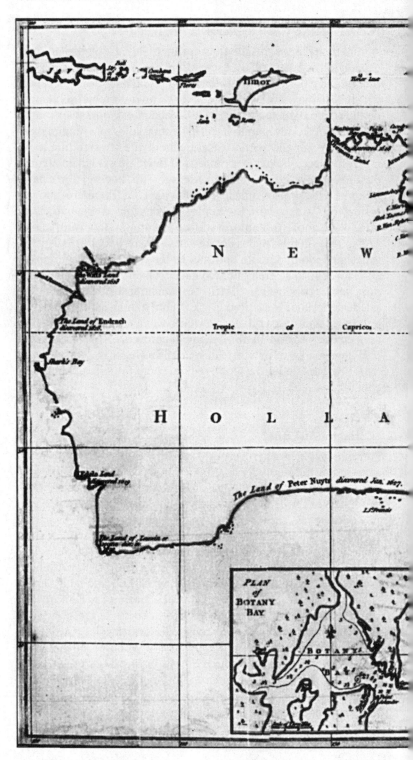

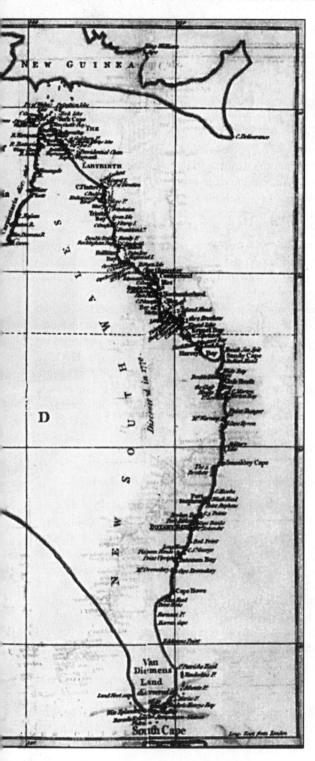

El conocimiento inicial del continente australiano que poseían los europeos se limitaba a su costa este, tal como lo revela este mapa del siglo XVIII. El interior del continente, por el que habían viajado exhaustivamente generaciones de aborígenes australianos, permaneció inexplorado por los colonizadores hasta bien entrado el siglo XIX.

*continúa de la página 103*

Desilusionado pero decidido a regresar, Cook dio vuelta de regreso al sur y llegó a Hawai el 17 de enero de 1779. Esta vez, Cook encontró a un grupo de hawaianos que pensaron que él era un dios que regresaba. Pusieron un cúmulo de ofrendas de comida a sus pies y Cook no pudo hacer nada por detener su generosidad. Mas cuando se dio cuenta de que los nativos se estaban privando de comida por él, Cook ordenó una precipitada partida. Desafortunadamente, al siguiente día una tormenta partió las velas y rompió el mástil, obligándolo a regresar. Los nativos, quienes se sentían enojados y traicionados por la súbita partida de Cook, lo recibieron con frialdad y comenzaron a robar objetos de los barcos. Cuando desapareció un bote grande del *Discovery*, Cook bajó violentamente a tierra con un grupo de hombres armados y trató de tomar como rehén al rey de Hawai. Hubo una batalla en la playa y Cook fue apuñalado de muerte en la espalda. Entristecidos pero decididos a cumplir la misión de Cook, sus capitanes regresaron al Estrecho de Bering. El hielo los detuvo nuevamente, lo que les obligó a regresar a Inglaterra atravesando el Pacífico y rodeando la punta de África. Miles de personas en Inglaterra lamentaron la muerte de Cook. Los restos de Cook fueron recuperados y sepultados en el mar el 21 de febrero de 1779. Como un homenaje póstumo, el gobierno de su país le otorgó un escudo de armas con la inscripción: "No dejó nada sin intentar".

### ¿Quiénes fueron Charles William Beebe y Otis Barton?

El océano cubre tres cuartas partes de la superficie de la Tierra y es la última frontera de la exploración de nuestro planeta. La presión del agua a 60 metros de profundidad puede aplastar a un buzo, y antes de 1930, los submarinos no podían llegar más allá de los 180 metros. La profundidad promedio del océano es de 3 795 metros. En 1928 un ingeniero llamado Otis Barton le presentó a Charles William Beebe, quien entonces era el director del Departamento de Investigaciones Tropicales de la Sociedad de Zoología de Nueva York, los planos de un aparato para bajar a las profundidades del mar. Barton planeaba descender a las oscuras profundidades en una sólida esfera de metal de tan sólo 1.20 metros de diámetro. La llamó batiesfera, palabra que formó con dos vocablos griegos que significan "profundidad" y "bola". A Beebe le agradó la sencillez del diseño y dos años más tarde salió junto con Barton a las islas Bermudas para la primera de una serie de inmersiones.

Sostenida por un cable de acero desde un barco anclado y aprovisionada con tanques de oxígeno, la batiesfera llevó a los hombres a las profundidades, más allá de donde cualquier persona con vida hubiera llegado. Ahí, Beebe reportó haber visto, a través de dos ventanas hechas de cuarzo, "un mundo tan extraño como Marte o Venus". Peces que solamente se habían visto en las redes de los pescadores pasaban frente a sus ventanas. En la primera expedición, Beebe y Barton descendieron a 435 metros, un récord mundial. En 1932, descendieron aún más, a 677 metros. Con tono apagado, Beebe describió los brillantes animales del mar en un programa de radio en vivo. Cuando la nave descendió todavía más se quedó sin habla. Muchos de los peces no habían sido vistos nunca antes. Un pez con una mandíbula rebosante de dientes afilados, al que Beebe llamó "pez dragón", medía hasta 1.80 metros. Otro, al que llamó anguila avoceta, era delgado como una víbora y mostraba patrones brillantes de luz. Más tarde Beebe la describiría como "una de las cosas más encantadoras que he visto". El 14 de agosto de 1934 Beebe y Barton realizaron su última y más profunda inmersión hasta los 923 metros. El récord perduró quince años.

### ¿Quiénes fueron Jacques Piccard y Donald Walsh?

Beebe y Barton habían tenido frente a sus ojos el mundo de las profundidades del mar y su prodigiosa vida. Pero el océano era aún mucho más profundo que el nivel al que habían descendido los dos hombres. Un problema que les impidió explorar a mayor profundidad fue la longitud del cable de acero que los conectaba con la superficie. Auguste Piccard, un científico suizo, diseñó una nave a la que llamó batiscafo. Al igual que un submarino, podía maniobrar sin la ayuda de un barco, pero había sido diseñada para resistir la presión aplastante de las aguas de las

## Trazando el mapa del fondo del océano

A diferencia de los primeros cartógrafos que debían ver los objetos que estaban examinando, los oceanógrafos han podido trazar el mapa de montañas y valles del lecho marino con un sonar. El sonar envía un pulso acústico que rebota contra un objeto y regresa. Al medir el tiempo que transcurre entre la emisión del pulso y su retorno, los científicos pueden determinar la profundidad del fondo del océano. Existen otros sonares que pueden utilizarse para registrar los accidentes del fondo marino, como picos, cordilleras y hondanadas o fosas.

profundidades del océano. En 1958, la Oficina de Investigación Naval de Estados Unidos compró el batiscafo de Piccard, al que éste llamó *Trieste*. De ahí en adelante Jacques, el hijo de Piccard, trabajó con los ingenieros navales para revelar los secretos de las profundidades.

En enero de 1960, Piccard y el estadounidense Donald Walsh se prepararon para una inmersión al punto más profundo conocido en los océanos del mundo —el Challenger Deep en la Fosa de las Marianas en el Océano Pacífico— a 11 033 metros por debajo del nivel del mar. El día de la inmensión, las olas embestían y se alzaban empapando a los dos hombres cuando abordaban el *Trieste*. El submarino descendió a las profundidades minutos más tarde. Los últimos rayos del sol desaparecieron a los 732 metros. La pequeña nave empezó a hacer agua a los 5 486 metros, pero la enorme presión del agua sobre el casco hizo que el metal se cerrara. Piccard arrojó parte del lastre de metal a los 8 839 metros para reducir la velocidad del descenso. Justo después de pasar los 10 668 metros, los hombres detectaron el regreso de una señal sonora que indicaba que el fondo estaba cerca. El *Trieste* se posó suavemente en el lecho marino a los 10 912 metros. La presión era demoledora a esa profundidad, 1 125 kilogramos por centímetro cuadrado. Walsh y Piccard miraban con atención a través de las ventanas buscando signos de vida. Ahí, en el piso arenoso, Piccard vio un pez plano de 46 centímetros de largo. Incluso allí había vida. Después de 20 minutos los hombres pusieron la nave en movimiento hacia la superficie. Irrumpieron en la superficie del océano a las 4:56 p.m. logrando estar a tan sólo 121 metros del punto más profundo de la Tierra.

### ¿Quién fue Jacques Cousteau?

Jacques Cousteau fue un francés que reveló al mundo la vida increíble y compleja que existe bajo la superficie del océano. Cuando estudiaba en la Academia Naval de Francia en la década de 1930, Cousteau sufrió una lesión en un accidente automovilístico que le dejó paralizado el brazo derecho. Un amigo le sugirió que nadara para rehabilitarlo. Lo hizo y con sus goggles Cousteau pudo ver "una selva de peces. Eso fue como una descarga eléctrica". Cousteau adaptó una cámara para tomar fotografías subacuáticas y empezó a pensar en una forma para que las personas respiraran bajo el agua. En ese entonces los buzos respiraban oxígeno a través de un tubo conectado a un bote. Era una operación engorrosa y peligrosa. Cousteau creó el Aqua-Lung ("pulmón para el agua"), un tanque de oxígeno sujetado a la espalda del buzo que le permitía bucear libremente.

En l951, Cousteau zarpó en un barco, el *Calypso*, para investigar los océanos del mundo. Introdujo mejoras en el Aqua-Lung y construyó una cámara capaz de fotografiar la vida a 183 metros de profundidad. En su primer viaje, al Mar Rojo en l952, filmó y tomó fotografías de la sorprendente vida submarina. Realizó una película utilizando las secuencias submarinas que había tomado, titulada *El mundo del silencio*, y obtuvo un Óscar en l955. Es más conocido por su serie de televisión *El mundo submarino de Jacques Cousteau*, que se transmitía cuatro veces al año y duró de 1966 a 1975. Mas Cousteau no estaba completamente satisfecho limitándose a filmar el océano; quería colonizarlo. El concepto que se había formado del mar era el de un lugar que debía ser colonizado utilizando instalaciones similares a las estaciones espaciales. En l963 Cousteau y cuatro hombres más pasaron un mes a 11 metros de profundidad en el Mar Rojo frente a las costas de Egipto, en un lugar acondicionado para la vida humana submari-

Jacques Cousteau (izquierda), con su hijo Phillipe, durante el rodaje de "La ballena cantora", uno de los episodios de *El mundo submarino de Jacques Cousteau*.

na que incluía aire acondicionado y ventanas de plexiglás a través de las cuales podían observar la vida del océano moviéndose a su alrededor. Aunque sus sueños de colonizar el océano nunca se materializaron, cuando murió en 1997 se le recordó como un defensor apasionado de los océanos del mundo. La Sociedad Cousteau, fundada por él en 1973, continúa luchando en favor de la protección del ambiente y los recursos naturales.

### ¿Quién fue Sylvia Earle?

Silvia Earle nació en 1935 y creció en una granja al sur de Nueva Jersey, Estados Unidos, en donde desarrolló un gran interés y pasión por la naturaleza. Cuando tenía diez años de edad su familia se mudó a Clearwater, Florida, un pueblo en la costa del Golfo de México. Estaba fascinada con el océano y sus abundantes formas de vida. Más tarde, aprendió a bucear en la Universidad Estatal de Florida y decidió estudiar botánica, la ciencia de la vida vegetal. En 1964 participó en una expedición de seis semanas de la Fundación Nacional de Ciencias en el Océano Índico. También continuó haciendo el catálogo de la botánica marina del Golfo de México, y escribió una tesis detallada sobre el tema para obtener su doctorado, la cual fue leída ampliamente por la comunidad científica. En 1970 Earle se convirtió en una figura nacional en Estados Unidos cuando dirigió un equipo de investigación formado exclusivamente por mujeres que vivieron a 15 metros de la superficie del océano en una estructura llamada Tektite II, Misión 6. Earle aprovechó la fama para hacer películas y escribir artículos acerca de la vida marina y el daño que causa la contaminación en los océanos. En 1979 Earle usó un "traje Jim" presurizado y caminó por el fondo del océano a 381 metros de profundidad frente a las islas Hawai. Nadie más ha repetido la hazaña.

### ¿Quién buscó el *Titanic*?

El 31 de agosto de 1985 la embarcación de investigación *Knorr* buscaba pacientemente en el fondo del Atlántico Norte los restos del naufragio del *Titanic,* el famoso transatlántico británico de lujo. A más de 3658 metros por debajo del *Knorr*, una nave de control remoto llamada *Argo* hacía el rastreo, enviando imágenes del fondo al *Knorr*. Pero al cabo de cinco semanas, la tripulación no había visto más que una capa interminable de fango en el fondo del océano. A bordo del *Knorr*, el estadounidense Robert Ballard, uno de los dos comandantes de la búsqueda, se dio cuenta con desesperación que la inminente llegada del invierno los obligaría a regresar a puerto sin haber encontrado nada. Ballard se

Un artista muestra el lujoso transatlántico *Titanic* en el momento final de su hundimiento en el Océano Atlántico en abril de 1912, un desastre que dejó más de 1 200 muertos entre pasajeros y miembros de la tripulación. Los restos del naufragio del *Titanic* se encontraron en el fondo del mar en 1985. El *Titanic* no se hundió en una sola pieza, se partió en dos poco antes de deslizarse bajo la superficie del mar.

fue a dormir poco después de la medianoche del 1° de septiembre, agotado después de semanas de una búsqueda infructuosa.

### ¿Cómo encontró Ballard el *Titanic?*

Justo después de la 1 a.m., un tripulante despertó a Ballard. Las cámaras de *Argo* habían localizado algo. Ballard se precipitó al cuarto de video, en donde los monitores de televisión mostraban la imagen fantasmal de un objeto metálico enorme y redondo. Era una de las calderas del *Titanic*, un cilindro metálico que quemaba carbón para impulsar el barco. Ballard supuso que debió haberse desprendido cuando el *Titanic* se hundió y que el enorme

## *Titanic*

El *Titanic*, un transatlántico gigante y hermoso, chocó contra un iceberg y se hundió en las aguas heladas a 644 kilómetros al sur de Terranova en abril de 1912 en su viaje inaugural. El barco, que se pensaba era a prueba de hundimientos, no llevaba botes salvavidas suficientes para todos los pasajeros y la tripulación. Perecieron más de 1 200 de las 2 200 personas que iban a bordo. La trágica escena del barco hundiéndose sigue cautivando la imaginación del mundo décadas después de la tragedia.

casco del transatlántico debía estar cerca. Habían encontrado el *Titanic*. Hicieron que el *Argo* avanzara hacia el norte sobre un extenso terreno lleno de escombros. Después de que el Titanic se partió por la mitad poco antes de hundirse quedaron regados botellas de vino, ollas, platos y fragmentos de metal retorcido sobre un área grande. Un día después, el *Argo* mostraba la vaga silueta de la sección de proa del imponente barco que surgía del lecho marino como si fuera un risco. Sin articular palabra, Ballard y su tripulación miraban fijamente el enorme y aún majestuoso barco, que entonces estaba cubierto de óxido y moho. Antes de que Ballard abandonara el lugar, celebró un oficio religioso en memoria de todos aquellos que murieron en el desastre y colocó una placa conmemorativa sobre el barco. La vida de Ballard cambió para siempre a partir del descubrimiento del *Titanic*. Convertido en un distinguido científico y buzo de las profundidades del mar, inició su trayectoria como buscador de barcos hundidos, incluyendo el barco de guerra alemán *Bismarck* y el portaaviones estadounidense *Yorktown,* que fueron hundidos durante la Segunda Guerra Mundial.

♦ ¿Cómo llegaron Peary y Henson al Polo Norte
♦ ¿Quién fue Roald Amundsen? ♦ ¿Quién fue la
primera persona que llegó al Polo Sur? ♦ ¿Cuán
do llegó Scott al Polo Sur? ♦ ¿Qué le pasó a
Scott? ♦ ¿Quién fue Ernest Shackleton? ♦ ¿Có
mo intentó Shackleton cruzar la Antártida? ♦
¿Cómo salvó Shackleton a sus hombres? ♦
¿Quién fue Richard Byrd? ♦ ¿Quién fue Louise
Arner Boyd? ♦ ¿Quién fue Annie Smith Peck? ♦
¿Quiénes fueron George Mallory y Andrew

# LLEGADA A LAS TIERRAS DEL HIELO Y LA NIEVE

### ¿Por qué los exploradores viajaron a las regiones del Ártico y de la Antártida?

La mayor parte de la Tierra estaba cartografiada y explorada para finales del siglo XIX. Los exploradores, ansiosos por encontrar nuevas tierras y aventuras, voltearon hacia los casquetes polares. Pero las tierras del hielo y las aguas heladas también eran mortales. En 1848, un grupo de exploración inglés constituido por 129 hombres partió hacia el Ártico en dos barcos de vapor. Nunca más los volvieron a ver.

Las estaciones cambian tan pronto en estos climas extremosos que los exploradores veían cómo sus barcos quedaban atrapados rápidamente por una capa de hielo que podía alcanzar o rebasar un metro de espesor. Y cuando el frío se hacía más intenso, el hielo aumentaba de volumen, se desplazaba e incluso podía convertir un barco en astillas dejando a la tripulación desamparada en una tierra despoblada y congelada.

A pesar de los peligros, los exploradores no podían contener su curiosidad y su gusto por la aventura. Las regiones polares ofrecían pocas recompensas materiales o riquezas. En cambio, cada aventurero esperaba ser el primer hombre o mujer en poner un pie en el Polo Norte y reclamar la gloria para él o ella y para su país.

### ¿Quiénes fueron Robert Peary y Matthew Henson?

En la primavera de 1909, el explorador estadounidenses Robert Edwin Peary salió de la costa norte del oeste de Canadá con 24 hombres, 19 trineos y 133 perros. Peary era un explorador avezado de la región polar con 18 años de experiencia y es-

Aquí se muestra a Matthew Henson vestido con el equipo protector que necesitaba para explorar las heladas regiones polares. Henson acompañó a Robert Peary en todas sus exploraciones importantes y estuvo al frente de uno de los grupos del famoso viaje de Peary al Polo Norte.

taba a punto de realizar su sueño: convertirse en el primer hombre en llegar al Polo Norte. Siguiendo un plan bien organizado, Peary planeaba recorrer 665 kilómetros a toda prisa a través del hielo. Pero, como hizo notar, el hielo del Ártico no era "una pista de patinar gigante y lisa sobre la cual los perros podían arrastrarnos alegremente". Las corrientes oceánicas rompían el hielo creando hendiduras enormes de agua de mar oscura llamadas "sondas" que podían demorar a un grupo durante semanas. El océano también hacía que enormes bloques de hielo chocaran estrépitosamente entre sí, formando un promontorio que podía alcanzar 15 metros de altura. Un grupo de reconocimiento se abría paso a través de estos obstáculos a fin de hacer un camino para los grupos que lo seguían.

Matthew Henson, un explorador afroamericano que había participado en todas las expediciones importantes de Peary, dirigía uno de los grupos. Henson había huido de su casa en Washington, D.C., cuando tenía 12 años. Se convirtió en grumete y pasó los siguientes seis años de su vida viajando por todo el mundo en barco. Después de regresar a Washington, trabajó como dependiente en una tienda de ropa. Un día, entró a la tienda un hombre que quería comprar suministros para una expedición a Nicaragua. El hombre dijo que necesitaba suministros y un grumete. El dueño de la tienda le habló de Henson, quien tenía experiencia viajando alrededor del mundo. El hombre, Robert Peary, quedó impresionado y se llevó a Henson con él. Demostró ser un elemento tan esencial para la expedición que más tarde Peary señalaría: "No hubiera podido hacer tantos progresos sin él". Como preparación para el viaje al Polo Norte, Henson estudió el idioma y la cultura esquimales.

### ¿Cómo llegaron Peary y Henson al Polo Norte?

Al principio, el grupo recorrió aproximadamente 16 kilómetros al día. Por la noche, dormían en abrigadores iglús construidos con bloques de hielo. Pero después de viajar 73 kilómetros, fueron detenidos por una hendidura de agua de mar oscura que serpenteaba kilómetros y kilómetros a través del hielo. Peary la llamó la Gran Sonda y esperó con impaciencia a que se congelara su superficie o a que el hielo volviera a cerrarse. Pasaron los días y sus ayudantes esquimales hablaban de abandonar la expedición; a Peary le preocupaba que su empresa estuviera condenada al fracaso. Después de siete largos días, la superficie de la hendidura se congeló y el grupo se dirigió rápidamente hacia el norte. Tal como lo había planeado, Peary comenzó a enviar de regreso al barco a los perros y a los hombres debilitados, lo que permitió al grupo principal avanzar con rapidez. Para el 1° de abril solamente 214 kilómetros de hielo lo separaban de su meta. Cinco días más tarde, después de recorrer más de 40 kilómetros al día, Peary, Henson y cuatro de sus acompañantes esquimales llegaron al polo. Triunfante, Peary sacó una bandera de Estados Unidos que su esposa había confeccionado, la clavó en un asta y la plantó en la cima de una pila de nieve. Para confirmar el descubrimiento, Peary avanzó otros 16 kilómetros hacia el norte hasta que confirmó que ya no estaba viajando hacia el norte sino hacia el sur. Había avanzado más allá del polo. Gracias a que ya estaba trazado el camino y los iglús construidos, el viaje de regreso a su barco en Cabo Sheridan en la Isla Ellesmere sólo le tomó 16 días. A mediados de julio, la tripulación estaba a salvo y navegaba hacia el sur: Peary telegrafió al mundo su éxito.

Robert Peary, abrigado para mantener el calor, posa aquí con algunos de los perros utilizados para jalar el trineo después de su expedición exitosa al Polo Norte.

## ¿Quién fue Roald Amundsen?

Roald Amundsen, un explorador noruego, se estremeció al enterarse de la hazaña de Peary. Desde que era un niño, Amundsen había soñado con ser el primer hombre en llegar al Polo Norte. Incluso estaba haciendo los preparativos para el viaje cuando llegaron a él las noticias del triunfo de Peary. Para recuperar los fondos y la energía que ya había invertido en la expedición, Amundsen cambió abruptamente sus planes. En lugar de tratar de llegar al Polo Norte decidió llegar al Polo Sur en la Antártida, donde ningún hombre o mujer habían puesto un pie jamás.

En l911 Amundsen dirigió su barco, el *Fram*, al Mar de Ross, justo a un lado de la costa de la Antártida. Durante la primera parte del año, Amundsen y sus hombres descargaron los sumnistros y construyeron campamentos. A 644 kilómetros al oeste, un grupo de exploradores ingleses dirigidos por Robert Falcon Scott también se preparaban para llegar al polo. El viaje al Polo Sur se había convertido en una carrera.

### ¿Quién fue la primera persona que llegó al Polo Sur?

El 19 de octubre de l911, Amundsen dirigió cuatro trineos, cada uno de ellos jalado por 13 perros, a la tierra helada y deshabitada de la Antártida. Amundsen había pasado muchos años en las regiones frías de la Tierra y había aprendido a usar la ropa de los esquimales. También obedecía un principio simple pero severo: "No trates a tus hombres como perros ni a tus perros como hombres". Para conservar la comida, mataba a los perros más débiles conforme el viaje se alargaba y utilizaba la carne para alimentar a sus hombres y a sus animales. El grupo pasó algunos días angustiosos empujando los trineos por la cordillera de Queen Maud. Pero lo peor del viaje había pasado una vez que dejaron atrás las montañas. Casi dos meses después de dejar el campamento base, la expedición había llegado al punto más al sur que ningún otro explorador hubiera pisado y sólo les faltaban 156 kilómetros. "Tuve la misma sensación que recuerdo haber experimentado cuando era niño en Navidad: una expectación intensa por lo que iba a pasar", escribió Amundsen posteriormente. A las 3 p.m. del 14 de diciembre, el grupo jubiloso registró que estaban en los 90 grados de latitud sur: el Polo Sur. Realizaron mediciones durante cuatro días. Antes de partir, clavaron una bandera de Noruega y dejaron una nota al grupo inglés, pues sabían que éste llegaría pronto. Poco más de un mes después, Amundsen y sus hombres estaban de regreso y a salvo en el *Fram*. Habían ganado la carrera.

### ¿Cuándo llegó Scott al Polo Sur?

Robert Scott se había propuesto llegar al Polo Sur antes que Amundsen para reclamarlo para gloria propia y de su natal Inglaterra. Pero Scott cometió errores de cálculo graves. Mientras que Amundsen utilizó perros para jalar sus trineos, Scott optó por utilizar jacas (ponis). Después de salir de su base el 24 de octubre, la expedición se abrió paso con dificultad a través de un paisaje de roca y hielo. La cordillera de Queen Maud rompió los trineos y dejó exhaustos tanto a los hombres como a los animales. Después de cinco semanas, algunas de las jacas habían muerto y a otras las habían matado para comer su carne. Posteriormente, una ululante ventisca detuvo la expedición, dejando a los hombres apiñados en sus tiendas y quemando su preciado combustible. Por fin, en enero Scott y cuatro hombres más se enjaezaron a un trineo y lo jalaron con dificultad hasta su destino final. Al llegar sufrieron una amarga desilusión, pues como recibimiento encontraron la tienda de Amundsen y la bandera de Noruega. "Los noruegos se nos adelantaron y fueron los primeros en llegar al polo. La desilusión ha sido terrible y lo siento mucho por mis leales compañeros", escribió Scott en su diario.

### ¿Qué le pasó a Scott?

Con la moral destrozada, el grupo de cinco hombres comenzó el largo viaje de regreso. Pero el hambre, las heridas y el cansancio hicieron que avanzaran lentamente jalando el trineo a través del terreno congelado. En febrero, el invierno comenzaba a caer una vez más sobre el continente haciendo que las temperaturas descendieran drásticamente. La expedición comenzó a avanzar a paso de tortuga. El 17 de febrero, uno de los hombres cayó en coma y murió. En las siguientes semanas, los miembros de la expedición comenzaron a padecer hambre. En marzo los atrapó una fuerte ventisca. A uno de los compañeros de Scott, de nombre L. E. G. Oates, se le congelaron tanto los pies que apenas podía caminar. Al darse cuenta de que por su causa la expedición se retrasaba, Oates se dirigió a los demás compañeros en la tienda y les dijo que iba a salir. "No tardaré", añadió y desapareció en la nieve turbulenta y nunca más lo volvieron a ver. "Sabemos que fue la acción de un hombre valiente y de un caballero inglés", escribió Scott en su diario. Los tres sobrevivientes siguieron avanzando con dificultad hacia el norte, pero fue en vano. Una tormenta los atrapó en su tienda. Sin poder moverse y al darse cuenta de que su muerte era inminente, Scott escribió cartas para su esposa, su madre y sus amigos así como un "Mensaje público". La última fecha en su diario es el 29 de marzo. Un grupo de rescate descubrió los tres cuerpos aún dentro de la tienda ocho meses después. El grupo también recobró el diario de Scott y su nombre se convirtió en un símbolo mundial del valor frente a la muerte.

### ¿Quién fue Ernest Shackleton?

Junto con Scott y Amundsen, Ernest Shackleton fue uno de los más grandes exploradores de los polos. De 1901 a 1904 Shackleton acompañó a Scott hasta la Antártida. Regresó en 1907, pero ya al mando de su propia expedición y determinado a ser el primer hombre en llegar al Polo Sur. Al igual que Scott, Shackleton prefirió utilizar jacas en lugar de perros. Llevó diez de ellas con él pero dos perecieron antes de que desembarcara en el continente y otras siete murieron de frío o por comer arena volcánica en la nieve. Aun así, Shackleton y tres acompañantes no cejaron en su empeño. De pronto se abrió una grieta bajo los pies de la expedición y la única jaca que les quedaba fue tragada por ella. Shackleton dirigió a los hombres durante un mes más hasta llegar a una meseta a 3 414 metros sobre el nivel del mar, en donde una ventisca los obligó a permanecer en el interior de su tienda durante 60 horas. "Simplemente permanecimos ahí temblando de frío", escribió Shackleton. Si a alguno se le congelaban los pies, los ponía sobre la piel de un compañero para calentarlos nuevamente. El frío era muy intenso. Shackleton tomó el camino de regreso cuando tan sólo le faltaban por recorrer 156 kilómetros para llegar al polo. Volvió a su natal Inglaterra como un héroe pero también, como un periódico lo describió, como un "glorioso fracaso".

### ¿Cómo intentó Shackleton cruzar la Antártida?

Después de que Amundsen llegó al Polo Sur, Shackleton decidió dirigir una expedición a través de la Antártida, algo que nadie había hecho antes. Shackleton, 27 hombres y 69 perros abordaron un barco llamado *Endurance* y partieron en diciembre de 1914. A finales de enero el *Endurance* había navegado a través de kilómetros de bancos de hielo que rodeaban al continente y no pudo avanzar más. Llegó el invierno, la luz del sol disminuyó y el hielo se hizo más grueso, comprimiendo el casco de madera del barco. Durante diez meses los hombres esperaron en vano que se hiciera una abertura en el hielo. En octubre, el hielo aplastó el casco del barco convirtiéndolo en astillas frente a los ojos del grupo. Mas el liderazgo de Shackleton impidió que la expedición cayera en la desesperanza. Pudieron rescatar los botes salvavidas del barco y algunas provisiones. Cuando el clima mejoró otra vez, remaron a través de corrientes mortales y témpanos para llegar finalmente al continente en abril de 1916. Animados por haber sobrevivido, los hombres meditaron que no tenían forma de salir del continente ni provisiones suficientes para completar su expedición.

## ¿Responderías este anuncio?

En 1914, Shackleton publicó un anuncio en el *Times* de Londres solicitando voluntarios para su viaje a la Antártida. Decía así:

Se solicitan hombres para un viaje peligroso. Salario bajo, frío intenso, largos meses de oscuridad total, peligro constante, dudoso regreso a salvo. Honor y reconocimiento en caso de éxito.

—Ernest Shackleton

El barco *Endurance* se ladea por la presión del hielo del Ártico, la cual terminó por deshacerlo en pedazos. La tripulación, al mando de Ernest Shackleton, recobró los botes salvavidas, algunas provisiones y finalmente llegó a la Antártida. Fueron rescatados 18 meses más tarde.

### ¿Cómo salvó Shackleton a sus hombres?

El 24 de abril, Shackleton y cinco hombres más partieron en pos de lo imposible. Dejando atrás al resto del grupo, se pusieron en camino en un bote de 7 metros para llegar a isla de Georgia del Sur, localizada frente a las costas de Argentina y a más de 1 287 kilómetros a través del helado Océano Ártico. La diminuta embarcación trepaba las gigantescas olas para zambullirse después en el seno de las mismas una y otra vez, empapando de agua helada a la tripulación. "El océano subantártico hacía honor a su aciaga reputación", escribió Shackleton posteriormente. Una noche, una marejada de 18 metros bramó dentro del bote y prácticamente lo hundió. "Achicamos el bote con la energía de los hombres que luchan por su vida", escribió Shackleton. De alguna manera la diminuta embarcación sobrevivió. Durante 14 días los hombres lucharon contra el mar y, después de agotarse la comida y el agua, contra la sed y el hambre. Finalmente, avistaron una isla. Dos días después, Shackleton condujo la pequeña nave hacia la playa de Georgia del Sur. Pero la implacable prueba aún no terminaba. Después de beber agua dulce y saborear los polluelos que anidaban en las cercanías, Shackleton y los hombres comenzaron una travesía increíble a través del terreno montañoso y helado hasta llegar a un apartado puesto ballenero al otro lado de la isla. Tardaron 36 horas en realizar el recorrido. Los balleneros estaban pasmados cuando unos hombres harapientos llegaron al pueblo dando traspiés. Shackleton había estado perdido durante dos años y todos lo daban por muerto. Después de disfrutar durante unos minutos el asombro de los balleneros, Shackleton se dispuso a traer al resto de sus hombres. Primero a los que había dejado al otro lado de Georgia del Sur y después a los que se habían quedado en la Antártida. A finales de agosto, Shackleton avistó al grupo y preguntó si alguno había muerto. Le respondieron que ninguno. La expedición de Shackleton fue una de las más famosas en la historia de la exploración. Le escribió a su esposa: "No perdimos ni una sola vida y atravesamos el infierno... Dale mi amor y besos a los niños. Tu cansado 'Mickey'".

### ¿Quién fue Richard Byrd?

Richard Byrd nació en el seno de una familia de Virginia en 1888 y desde el principio vivió una vida de exploración y aventura. A la edad de 12 años viajó solo a las Filipinas para visitar a su padrino. En las cartas que escribió al periódico local de Virginia, describió ahorcamientos públicos, incluso tiroteos de los que él fue objeto por parte de rebeldes. Posteriormente se unió a la Marina y se entrenó para convertirse en aviador. La tecnología nueva lo emocionaba y se dio cuenta de que un avión podía transportar de ida y vuelta a un piloto al Polo Norte en un día. Fracasaron varios intentos de Byrd para realizar el viaje cuando aún estaba en la Marina. A la edad de 38 años reunió fondos para realizar el viaje por su cuenta.

En abril de 1926 Byrd viajó de Nueva York a Spitsbergen, Noruega en un barco con 52 hombres y un aeroplano a bordo. Esperaba ser el primero en volar al Polo Norte. Pero en su primer intento, se doblaron los esquís de su avión. Sin embargo, en su segundo intento Byrd y su piloto, Floyd Benneth, ganaron altura de forma sostenida en el cielo ártico. A pesar de una fuga de aceite, la pareja se dirigió al polo. Después de más de ocho horas de vuelo, Byrd y Bennet le habían dado la vuelta al polo y emprendieron el regreso. La prensa estadounidense describió a Byrd como un héroe y en la ciudad de Nueva York lo recibieron con un desfile en medio de una lluvia de serpentinas. Sin embargo, la prensa extranjera se preguntaba cómo Byrd pudo llegar al polo y regresar después en el tiempo en que dijo haberlo hecho. Las dudas acerca de si Byrd realmente llegó al polo persisten hasta la actualidad.

De cualquier forma, Byrd se convirtió en un héroe nacional en Estados Unidos. Fue condecorado junto con Benett con la Medalla del Honor del Congreso de Estados Unidos. Al año siguiente, Byrd anunció que emprendería otra aventura: sobrevolar el Polo Sur. En el otoño de 1928 Byrd, tres aviones, 42 hombres y 650 toneladas de provisiones fueron transportados en cuatro barcos de vapor hacia la Antártida. La prensa siguió de cerca la expedición. Incluso el *New York Times* preparó el obituario de Byrd. Los hombres establecieron un campamento y aguardaron a que el invierno terminara. El Día de Acción de Gracias de 1929, Byrd y el piloto Bernt Balchen despegaron. Byrd escribió posteriormente: "Lo que más tarde enfrentamos sobrepasó con mucho las exigencias de un simple vuelo de 1 290 kilómetros al polo. Volaríamos sobre una superficie deshabitada y ondulada, después subiríamos el terraplén de una montaña y continuaríamos a través de una meseta de 3 000 metros... Frente a nosotros, más allá de la gran montaña, estaba lo desconocido."

Mas el avión sobrevoló con seguridad y Byrd calculó que habían llegado al Polo Sur. La noticia se difundió por el mundo y Byrd, una vez más, fue proclamado héroe.

En 1933 Byrd regresó a la Antártida; esta vez para cartografiar partes del continente y reclamar el territorio para Estados Unidos. Siguiendo una estrategia controvertida, Byrd pasó cinco meses solo en una cabaña diminuta soportando temperaturas de entre –50°C y –60°C. "Veo pasar toda mi vida frente a mis ojos. Me doy cuenta que he fallado al no ver que las cosas simples, agradables y modestas de la vida son las más importantes", escribió Byrd en su diario. Tuvo que ser rescatado, presentaba envenenamiento con monóxido de carbono y estaba congelado.

Byrd regresó a la Antártida varias veces más durante las dos décadas siguientes, normalmente dirigiendo exploraciones científicas y de la marina estadounidense. Cartografió gran parte de la costa de la Antártida. Se le considera un héroe de la aviación y uno de los más grandes exploradores del continente de la Antártida.

## ¿Quién fue Louise Arner Boyd?

Louise Boyd, de nacionalidad estadounidense, heredó una enorme fortuna en 1920 cuando tenía 33 años de edad. Sin saber a ciencia cierta qué hacer con su vida o con su fortuna, abordó un barco turístico noruego para un crucero de verano que se dirigía al Ártico. Le fascinó el paisaje abrupto y austero. Pronto regresó en un barco alquilado, esta vez para cazar osos polares y fotografiar el paisaje. En 1928 un aviador italiano llamado Umberto Nobile intentó sobrevolar el Ártico en un pequeño dirigible flexible. La aeronave se estrelló y Roald Amundsen partió en un avión para rescatar al aviador. Nobile fue encontrado y rescatado, pero Amundsen desapareció. Boyd participó en la búsqueda internacional para encontrar al explorador prestando su barco para la operación de rescate y pasó cuatro meses buscándolo. Sin embargo, nunca más se supo de Amundsen. Boyd recibió la Cruz de la Legión de Honor de Francia y la Cruz "Caballero de la Orden San Olaf" por sus esfuerzos de rescate en el Ártico.

Además, la experiencia que obtuvo en la búsqueda de Amundsen le sirvió de inspiración para convertirse en exploradora por derecho propio. En 1931 inició un estudio intenso de los fiordos en Groenlandia. Su trabajo impresionó a los científicos estadounidenses y recibió el apoyo de la Sociedad Geográfica de Estados Unidos. En 1955 Boyd contrató un avión y se convirtió en la primera mujer que sobrevoló el Polo Norte. Sus aportaciones a la exploración recibieron reconocimiento en 1960, cuando fue elegida miembro de la Sociedad Geográfica de Estados Unidos, la primera mujer en recibir ese honor.

## ¿Quién fue Annie Smith Peck?

Annie Smith Peck nació en Providence, Rhode Island, durante la década de 1850 y se forjó una actitud de competencia que la llevó a alcanzar grandes logros durante su vida. En 1885, Peck viajó de Alemania a Atenas, Grecia, en donde planeaba estudiar literatura clásica. Durante el viaje observó el monte Matterhorn, una montaña de 4 478 metros en los Alpes Suizos. El pico rocoso y cubierto de nieve cautivó su imaginación. Anhelaba escalarlo.

Después de regresar a Estados Unidos, comenzó a practicar el alpinismo en montañas pequeñas. En 1888 escaló el monte Shasta de 4 316 metros en California. Regresó a Europa y escaló

el Matterhorn en 1895, volviéndose famosa. Peck abandonó su carrera docente y se dedicó de tiempo completo al alpinismo. Dos
años después de haber conquistado el Matterhorn, Peck escaló el
pico de Orizaba, un volcán de México con una altura de más de
5 610 metros. Era el punto más alto del Hemisferio Norte alcanzado por una mujer. Pero Peck no se sentía satisfecha con ser la
primera *mujer* en alcanzar la cima de una montaña. Quería ser
la primera *persona* en llegar a una cumbre.

Annie Smith Peck posa en
esta fotografía con parte
del equipo que utilizó
para escalar montañas.

Viajó a América del Sur, en donde había muchos picos sin explorar. En l908, Peck, quien entonces tenía 58 años de edad, y dos guías suizos avanzaron con dificultad a través de ventisqueros para llegar a la cima de 6 768 metros del Nevado de Huascarán en Perú. Cuando llegaron a lo alto de la montaña, Peck pensó jubilosa que ella sería la primera persona en escalar la cumbre. Pero uno de sus guías se le adelantó y corrió hacia la cima. Peck solamente pudo reclamar el crédito por haber sido la primera mujer en conquistarla. A pesar de la desilusión, Peck continuó escalando montañas. A los 82 años de edad escaló su última cumbre. En l927 la Sociedad Geográfica de Lima la honró al ponerle el nombre de Cumbre Ana Peck al pico norte del Huascarán.

### ¿Quiénes fueron George Mallory y Andrew Irvine?

George Leigh Mallory fue un consumado alpinista inglés que decidió intentar llegar al "Tercer Polo" —el monte Everest en la cordillera del Himalaya— a 8 845 metros de altura, la montaña más alta del mundo. Cuando se le preguntaba una y otra vez por qué quería escalar el monte Everest, Mallory contestaba: "Porque ahí está". En junio de l924, Mallory, quien entonces tenía 38 años de edad, y un compañero de 22 años de nombre Andrew Irvine, utilizando contenedores de oxígeno para respirar en el aire enrarecido que hay a esa altura, se acercaron a la cima. Noel Odell, un geólogo, permaneció en un campamento más abajo y observaba su ascenso en la montaña. Poco después del mediodía del 8 de junio, Odell los miraba, apenas unas manchitas, mientras escalaban cuando un banco de nubes se arremolinó. Una tormenta repentina cubrió el pico de nieve y Odell esperó en vano su regreso. Nunca más se volvió a saber de Mallory e Irvine.

### ¿Cómo encontraron a Mallory?

Durante décadas, la gente se preguntaba si la pareja cuyo destino fue fatal había alcanzado la cima del monte Everest antes de morir. En *La lucha por el Everest en l924,* publicado poco después del desastre, Odell escribió: "Creo que existe una alta probabilidad de que Mallory e Irvine tuvieron éxito".

En l933 se encontró el piolet de Irvine a 8 458 metros. En l975, un alpinista chino llamado Wang Hongbao reportó haber visto un cuerpo aproximadamente a 229 metros del punto donde se encontró el piolet). Hongbao informó que la ropa del cuerpo se desintegró al tocarla, lo que indicaba que era muy vieja.

Apoyándose en el relato de Hongbao, en l999 salió un grupo formado por alpinistas estadounidenses, ingleses y alemanes para buscar el cuerpo de Mallory a una elevación aproximada de 8 230 metros. En mayo, un alpinista estadounidense llamado Conrad Anker vislumbró un fragmento blanco que se veía más brillante que la nieve que lo rodeaba. Cuando Anker miró más de cerca, descubrió el cuerpo de una persona que había muerto hacía mucho tiempo y que se había conservado debido al aire helado y poco denso. Al principio, la expedición creyó que habían encontrado a Irvine. Registraron el cuerpo para encontrar una cámara que se sabía Irvine llevaba. Si Mallory e Irvine habían llegado a la cima del Everest, era seguro que habrían tomado fotografías del acontecimiento. Pero en el cuello de la camisa del cadáver se leía "G. L. Mallory". Era el cuerpo de Mallory, no de Irvine. Los miembros de la expedición también señalaron que Mallory debió haber sufrido una fuerte caída que le rompió las piernas, las costillas y el codo. La expedición descendió de la montaña después de sepultar a Mallory. Aunque éste había sido encontrado, sigue sin resolverse el misterio de si Mallory e Irvine fueron en realidad los primeros en conquistar la cima.

### ¿Quién fue sir Edmund Hillary?

Sir Edmund Hillary fue un recio neozelandés que en l953 ascendió a la cima del mundo: la cumbre del monte Everest a 8 845 metros de altura. Muchos alpinistas habían intentado escalar el Everest, pero la extrema altitud era traicionera. El clima podía cambiar de un momento a otro. Un cielo despejado podía de pronto llenarse de nubes y de vientos que soplaban a 160 kilómetros por hora. El aire era tan enrarecido que los alpinistas necesitaban llevar tanques de oxígeno, pues de otro modo la falta de oxígeno en el cerebro podía hacer que se desorientaran e incluso que se desmayaran. Los músculos, que también necesitan oxígeno, se agotaban rápidamente. Dos hombres, George Leigh Mallory y Andrew Irvine, se habían acercado a la cima en l924, pero nunca más volvió a saberse de ellos. En l953, una expedición organizada por británicos compuesta por diez hombres volvió a intentarlo. Hillary, un hombre enorme que exudaba confianza, se encontraba entre ellos.

### ¿Quién fue Tenzing Norgay?

En marzo de l953, los miembros de la expedición británica al monte Everest, junto con 350 cargadores, ascendieron a un monasterio budista llamado Tiangboche en Nepal. Ubicado a 4 115 metros sobre el nivel del mar, el monasterio se convirtió en el

primer campamento base de la expedición. Desde ahí, Hillary y los otros hombres recorrieron las montañas circundantes a fin de aclimatarse a la altura antes de intentar subir al monte Everest.

Hillary pronto hizo pareja con Tenzing Norgay, un miembro de la tribu sherpa que vivía en los Himalayas y que era un veterano con cinco viajes al monte Everest. Durante su primer ascenso juntos, Hillary resbaló en una grieta. Tenzing maniobró rápidamente la cuerda que los unía y sacó a Hillary de la grieta. "Sin Tenzing, mi vida habría terminado hoy", dijo Hillary a su regreso al campamento. Los dos hombres establecieron una sólida amistad.

Edmund Hillary y Tenzing Norgay se convirtieron en los primeros hombres que conquistaron la cumbre del monte Everest. Su experiencia compartida en el alpinismo los condujo a desarrollar una profunda amistad.

### ¿Cómo llegaron Tenzing y Hillary a la cima del Monte Everest?

La expedición estableció campamentos en altitudes cada vez mayores, a 5 913, 6 157, 7 010 y 7 315 metros. El 26 de mayo, dos miembros del equipo subieron a 8 748 metros y casi llegaron a la cima. Pero el sol se ocultó y la pareja, exhausta y casi congelada,

*Entre 1953 y mayo de 1996, 630 alpinistas conquistaron la cumbre del monte Everest. Otros 144 murieron en el intento.*

regresó al campamento. Al día siguiente fue el turno de Hillary y Tenzing de intentarlo. Ascendieron hasta los 8 504 metros y levantaron una tienda para pasar la noche y recuperar la fuerza para el último empujón a la mañana siguiente. Aunque el viento amainó esa noche, las botas de Hillary estaban macizas por el hielo en la mañana. Después de un desayuno de sardinas, galletas y jugo de limón, los dos hombres emprendieron el ascenso por una ladera escarpada cubierta de nieve. Caminaron por la capa de nieve y finalmente se dirigieron hasta una enorme roca de 12 metros de alto que bloqueaba el camino hasta la cumbre. La roca era muy lisa para escalarla y estaba bloqueada del lado izquierdo. Pero del lado derecho, Hillary y Tenzing escalaron una grieta estrecha que Hillary comparó con una chimenea angosta. En lo alto, Hillary, con Tenzing siguiéndolo de cerca, escaló un cresta cubierta de nieve y finalmente se paró en la cima del monte Everest. Los dos hombres se abrazaron llenos de alegría y contemplaron la vista impresionante que se extendía frente a ellos. Permanecieron en la cima aproximadamente 15 minutos antes de tomar el camino de vuelta por la cara de la montaña hasta el campamento, en donde sus compañeros los aguardaban emocionados.

### ¿Quién fue Reinhold Messner?

Reinhold Messner no solamente escaló montañas, sino que las conquistó de la manera más difícil: solo, sin oxígeno o a una velocidad récord. Messner nació y se crió en el norte de Italia y comenzó a escalar los picos del este de los Alpes cuando era adolescente. Después de escalar más de 500 montañas en Europa, a los 30 años Messner dirigió una expedición a la cordillera de los Andes en América del Sur en 1974. Ahí, escaló la cumbre del Aconcagua de 6 960 metros. Completó solo los últimos 3 048 me-

## Los sherpas

En Nepal viven aproximadamente 20 mil sherpas. La mayoría de ellos construyen sus hogares en las aldeas de Khumbu, una región a la sombra del monte Everest. Debido a que pasan la mayor parte de su vida entre los 2 742 y 3 353 metros y a que están acostumbrados a la atmósfera enrarecida, los sherpas eran contratados para cargar provisiones y equipo para las primeras expediciones a la cima del Everest. Gracias a su fortaleza, resistencia, inteligencia y buen humor, pronto se labraron una buena reputación. Hoy, los sherpas acompañan regularmente a los grupos que ascienden la montaña y son guías confiables.

tros del ascenso. En l978, Messner intentó una hazaña que conmocionó a la comunidad de alpinistas. Propusó escalar el monte Everest sin oxígeno. Los críticos decían que nadie podía ascender a esa altitud y sobrevivir sin contenedores de oxígeno. Mas Messner no se dejó intimidar. Él y un compañero llamado Peter Habeler llegaron a un campamento base al pie de la imponente masa de la montaña en marzo de l978. Por el mes de mayo acamparon a casi 7 315 metros. El aire estaba tan enrarecido que los dos hombres jadeaban para respirar. Debido a que sus músculos necesitaban oxígeno desesperadamente, los movimientos más simples demandaban gran energía y concentración. En la mañana en la que Messner y Habeler se prepararon para alcanzar la cima, se tardaron dos horas para vestirse. Cada bocanada de aire era preciosa y la pareja dejó de hablar y se comunicaban por medio de señas con las manos. No obstante, siguieron el ascenso haciendo una pausa para descansar después de algunos pasos. Messner escribió posteriormente que sentía un cansancio y un entumecimiento que nunca antes había experimentado. El 8 de mayo, en algún momento después del mediodía, Habeler y Messner hicieron un gran esfuerzo para avanzar por la cúspide y llegar al punto más alto del Everest. Su temerario ascenso asombró al mundo. Al año siguiente, Messner escaló el K2, la segunda montaña más alta del mundo, sin oxígeno. Para l982, Messner había completado una hazaña aún más grande: había escalado sin oxígeno las 14 cumbres más altas del mundo, todas a una altitud superior a 8 mil metros. Volvió a su natal Italia como el alpinista más grande de la historia.

*Ricardo Torres Nava fue el primer mexicano que logró llegar a la cima del Everest el 16 de mayo de 1989.*

¿Quiénes fueron los primeros exploradores del vuelo? ◆ ¿Quiénes fueron las primeras personas que viajaron en un globo aerostático? ◆ ¿Quién fue Otto Lilienthal? ◆ ¿Cómo realizaron los hermanos Wright su primer vuelo? ◆ ¿Quién fue Bessie Coleman? ◆ ¿Cómo realizó Lindbergh un vuelo transatlántico en solitario? ◆ ¿Quién fue Amy Johnson? ◆ ¿Quién fue Amelia Earhart? ◆ ¿Quién fue la primera persona que rompió la ba

# REMONTÁNDOSE A LAS ALTURAS

### ¿Quiénes fueron los primeros exploradores del vuelo?

Durante miles de años, hombres y mujeres han observado a los pájaros volando en el cielo y han soñado que algún día podrían unírseles. En la Edad Media, un monje llamado Oliver hizo un planeador de dos alas. Con el aparato atado a su espalda se lanzó desde una torre, se deslizó por el aire "125 pasos" y cayó pesadamente al suelo rompiéndose las dos piernas. Marco Polo contó historias de chinos que viajaban en cometas gigantes. Leonardo da Vinci, el gran pensador italiano del siglo XVI dejó cuadernos de bocetos llenos de máquinas voladoras, entre ellos el diseño preliminar para un paracaídas. En la década de 1670, un cerrajero francés de nombre Besnier intentó volar batiendo un par de alas rígidas sobre sus hombros. Al igual que otros antes, él también se precipitó al suelo. En 1670, los experimentos realizados por un clérigo jesuita llamado Francisco de Lana Terzi lo llevaron a concluir que el aire tenía un peso. Por lo tanto, suponía que sería posible construir un artefacto con un globo enorme que fuera más ligero que el aire, el globo aerostático.

### ¿Quiénes fueron las primeras personas que viajaron en un globo aerostático?

En 1782, dos hermanos franceses llamados Joseph y Étienne Montgolfier estaban sentados frente a una chimenea cuando se dieron cuenta de que las cenizas se levantaban transportadas por el aire caliente. Llegaron a una conclusión sorprendente. Si el aire caliente se podía capturar en una bolsa lo suficientemente grande, podría tener la fuerza suficiente para sostener a una persona. El 4 de junio de 1783 los hermanos en-

Benjamín Franklin observó el primer vuelo libre tripulado en globo desde un balcón en París, Francia, en 1783. Posteriormente hizo este grabado para conmemorar el evento.

cendieron una pila de paja y lana debajo de un globo hecho de lino forrado de papel. El globo atrapaba el aire caliente y se elevaba a una altura aproximada de 1 800 metros.

Contentos por su logro, los Montgolfier construyeron otro globo más grande con una canastilla atada en la parte de abajo. Frente a 130 mil espectadores, entre ellos el rey y la reina de Francia, los hermanos metieron una oveja, un gallo y un pato en la canastilla, utilizaron carbón caliente para calentar el aire del interior del globo y lo soltaron. El globo avanzó tres kilómetros en ocho minutos y bajó a los animales sanos y salvos a tierra. Después de este éxito, los hermanos se propusieron construir un globo que pudiera transportar personas. Utilizando tela de algodón azul, confeccionaron un vehículo de 21 metros de alto, 14 metros de diámetro y que pesaba 726 kilogramos. El 21 de noviembre de 1783 dos franceses, Pilatre de Rozier y el marqués d'Arlandes, abordaron la canastilla que pendía del globo y se desató la cuerda que lo mantenía en tierra. El globo ascendió lentamente, y a los 91 metros los dos hombres se quitaron el sombrero frente a la muchedumbre asombrada que los estaba observando. Después el viento los impulsó sobre París y alcanzaron una altitud de 503 metros. Observaban asombrados a las personas que desde lo alto parecían pequeñas como insectos. El viaje terminó después de 25 minutos cuando se posaron suavemente en el suelo. Dos hombres habían volado exitosamente por primera vez en la historia.

### ¿Quién fue Otto Lilienthal?

El vuelo en globo cobró gran popularidad en Europa y en Estados Unidos. Pero algunos europeos volvieron su atención a la construcción de una aeronave más pesada que el aire. En 1889 un alemán llamado Otto Lilienthal publicó un libro sobre diseño de máquinas voladoras basado en las alas de los pájaros. Para probar sus teorías, Lilienthal construyó una colina artificial. Desde lo alto podía saltar en la dirección de cualquier viento que avanzaba. Sus viajes eran emocionantes pero breves. Los planeadores de Lilienthal eran irremisiblemente imperfectos. Trató de dirigir el aparato con el peso de su cuerpo, lo cual tenía el efecto de complicar sus errores. Si el planeador se sacudía hacia arriba, Lilienthal se columpiaba hacia atrás, haciendo que el planeador diera la vuelta completa. Sin embargo, Lilienthal era tenaz e hizo más de dos mil vuelos en planeadores que él mismo construyó. Perdió la vida después de estrellarse en 1896, pues no pudo construir un planeador estable. No obstante, sus ideas influirían en dos fabricantes de bicicletas de Ohio que se llamaban Orville y Wilbur Wright.

### ¿Cómo realizaron los hermanos Wright su primer vuelo?

Los hermanos Wright crecieron en Dayton, Ohio, en donde operaban un taller de bicicletas. Ninguno de los dos hermanos terminó la preparatoria. No obstante, ambos eran curiosos y disciplinados y llegaron a sentir fascinación por el vuelo. Al final de la década de 1890, reunieron información acerca del vuelo y decidieron resolver los problemas que seguían frustrando a los inventores alrededor del mundo. Los hermanos Wright construyeron su primer planeador en 1899. Por los informes meteorológicos se enteraron de que en Kitty Hawk, Carolina del Norte, se disfrutaba de vientos casi constantes. En 1901, los hermanos Wright llevaron con todo cuidado su planeador a Kitty Hawk e iniciaron varios vuelos de prueba. Por ensayo y error crearon un mecanismo de dirección, pero las alas seguían sin responder como ellos habían calculado. Regresaron a su taller de bicicletas en Ohio y construyeron un túnel de viento para realizar pruebas precisas en cada sección del ala. A partir de las pruebas, los Wright descubrieron que las cifras más divulgadas acerca del viento y el vuelo, las que habían utilizado para construir su primer aparato, eran incorrectas. Construyeron un nuevo planeador basándose en sus pruebas, lo llevaron a Kitty Hawk y lo volaron con éxito.

Para 1903 sólo les hacía falta un motor para que el planeador se convirtiera en un aeroplano. Siguiendo su peculiar forma de ser, los hermanos tomaron elementos de motores ya existentes y los rediseñaron para obtener un motor más ligero y eficiente. El 17 de diciembre de 1903, Orville se tendió en el ala inferior para tomar los controles de la aeronave. Con los motores impulsando dos hélices, el aparato bajó deslizándose por una pista en la playa y alzó el vuelo. Voló durante 12 segundos y aterrizó suavemente en la arena 35 metros adelante. Después fue el turno de Wilbur, quien voló el aeroplano casi 61 metros. Hacia el final del día el avión había volado 59 segundos y 230 metros. Había tenido lugar el primer vuelo controlado de un aeroplano.

En Kitty Hawk, Carolina del Norte, Wilbur Wright observa a su hermano Orville realizar su primer vuelo en una aeronave de motor controlada. El primer vuelo duró 12 segundos y recorrió 37 metros.

Bessie Coleman fue rechazada por todas las escuelas de aviación en Estados Unidos, por lo que aprendió a volar en Francia. Los sueños de Coleman de fundar una escuela de aviación para los afroamericanos terminaron con su trágica muerte en un accidente de aviación en 1926.

### ¿Quién fue Bessie Coleman?

Bessie Coleman nació en el seno de una familia afroamericana de condición humilde en Texas. En 1921 se mudó a Chicago, en donde creció su interés en los vuelos. Después de haber sido rechazada por casi todos los instructores de vuelo del país, se fue a Francia y obtuvó su licencia de piloto. Debido a que era afroamericana, no se le permitía realizar vuelos comerciales en Estados Unidos. En cambio, se convirtió en acróbata itinerante, volando un avión de la Primera Guerra Mundial en una serie de acrobacias y maniobras deslumbrantes que la hicieron famosa en todo Estados Unidos. Coleman fomentaba el interés de los afroamericanos en la aviación impartiendo pláticas en iglesias y escuelas. Se dedicaba a reunir fondos para establecer una escuela de aviación para estudiantes afroamericanos cuando fue lanzada de su aeroplano y encontró la muerte en 1926.

### ¿Cómo realizó Lindbergh un vuelo transatlántico en solitario?

Después de la Primera Guerra Mundial, pilotos temerarios volaban sus aviones hasta el límite, estableciendo récords para después romperlos. Un hombre llamado Raymond Orteig ofreció 25 mil dólares a la primera persona que volara sola de París a Nueva York. El viaje era muy peligroso. El motor podía fallar, un cambio repentino de clima podía lanzar violentamente el avión al océano, o el piloto podía quedarse dormido en los controles y chocar. Dos franceses habían intentado realizar el vuelo en 1927, pero desaparecieron en el Atlántico. A pesar de los pronósticos, Charles Lindbergh, un piloto tímido de hablar suave proveniente del oeste medio de Estados Unidos, decidió intentarlo. Lindbergh obtuvo financiamiento de algunos hombres de negocios de St. Louis, quienes insistieron en que el avión llevara el nombre del estado. Él estuvo de acuerdo y bautizó a su avión como *Spirit of St. Louis.*

El avión de Lindbergh era más un tanque de combustible volador que cualquier otra cosa. Había modificado un avión de pasajeros para ocupar todo el espacio extra con tanques de combustible. Cuando Lindbergh despegó desde Roosevelt Field, Nueva York, el 20 de mayo de 1927, piloteaba mirando a través de un periscopio. Durante las siguientes 33 horas, Lindbergh voló su pequeño avión por encima del solitario Atlántico. Cuando comenzaba a dormitar, se pellizcaba y abría la ventana lateral para dejar entrar el aire helado en la cabina. Después de volar más de 22 horas, examinó el océano y localizó algunos botes pesqueros antes de continuar su travesía exhausto. Finalmente, vislumbró la costa verde intenso de Irlanda. ¡Lo había logrado! Cuando volaba hacia el sur por el cielo de Inglaterra, el avión de Lindbergh fue reconocido y la noticia se esparció por todo el continente. Cuando aterrizó en París, Lindbergh fue recibido por multitudes que lo aclamaban. Al volar 5 815 kilómetros había roto la distancia récord de vuelo en solitario. Convertido en héroe mundial, Lindbergh utilizó su influencia para ayudar a desarrollar la aviación en Estados Unidos

### ¿Quién fue Amy Johnson?

El 5 de mayo de 1930, Amy Johnson despegó de Inglaterra en uno de los viajes más audaces en la historia de la aviación. A pesar de que ella había obtenido su licencia de piloto tan sólo un año antes, Johnson planeaba volar en solitario desde Inglaterra hasta Australia. Su ruta la llevaría a través de Europa, sobre el Medio Oriente, India, las Indias Orientales (ahora Indonesia) y después sobre el océano abierto antes de llegar a Australia. El plan de Johnson causó asombro en otros pilotos. Gran parte del trayecto se realizaría sobrevolando selvas o cordilleras donde eran escasas las esperanzas de rescate en caso de que se estrellara. Su avión no podía elevarse a más de 3 048 metros, por lo que tendría que maniobrar a través de las cordilleras con cumbres mucho más altas. Durante su viaje se vio envuelta por una tormenta de arena cuando volaba sobre Siria, la cual le impidió la visibilidad y la obligó a realizar un aterrizaje forzoso. En algunos de los lugares donde hizo escala los hombres no le permitían estar cerca del motor, a pesar de que era una mecánica hábil. Nunca habían visto a una mujer reparar su propio avión. En Birmania, tapó un hoyo en una de las alas con tela de su camisa. Al borde del agotamiento total, Johnson voló los últimos 805 kilómetros sobre el mar y aterrizó en Darwin, Australia, el 24 de mayo de 1930. Jonhson realizó otros vuelos temerarios y peligrosos durante la década de l930, ganándose el sobrenombre de "Reina del Aire". Murió de manera trágica en un accidente en 1941.

### ¿Quién fue Amelia Earhart?

Cuando la estadounidense Amelia Earhart obtuvo su licencia de piloto en 1922, fue una de las únicas 22 mujeres pilotos en todo el mundo. Determinada a demostrar que las mujeres podían volar tan bien como los hombres, planeó atravesar el Océano Atlántico

Amelia Earhart, una de las pioneras más conocidas de la aviación, posa entre las hélices de su avión Lockheed Electra. Earhardt desapareció durante un vuelo sobre el Océano Pacífico.

en un vuelo en solitario. El 20 de mayo de 1932 despegó en un Lookheed Vega color rojo brillante desde Terranova. Sólo dos hombres, Charles Lindbergh y Bert Hinkler, habían realizado con éxito un vuelo transatlántico en solitario. Earhart llevaba un brazalete de pata de elefante para la buena suerte, un termo de sopa y una bufanda de seda. También llevaba una polvera para retocarse el rostro antes de hablar con los reporteros. Si sentía que estaba dormitando, se ponía sales aromáticas bajo la nariz. El altímetro se averió poco después de haber despegado, dejándola sin forma de medir su altitud. Voló en medio de una tormenta que zarandeó su pequeño avión. Voló más alto para escapar de la tormenta, pero se acumuló hielo en las alas amenazando con hacerla perder el control. Para quitar el hielo, hizo un vuelo en picada y enderezó el avión justo encima del alcance de las olas. Su aeroplano se mantuvo en el aire, y 14 horas y 56 minutos después de haber despegado, aterrizó a salvo en el terreno de un granjero en Irlanda. El vuelo de Earhart sobre el Atlántico la hizo famosa. En 1935 voló en solitario desde Hawai hasta California. En 1937 anunció que volaría alrededor del mundo con un copiloto. Pero durante el viaje de 4 023 kilómetros sobre el Océano Pacífico, se perdió el contacto con el avión de Earhart. Nadie volvió a saber de ella ni de su copiloto ni del aeroplano. Lo más probable es que se haya perdido en la niebla y que se haya estrellado cuando se agotó el combustible.

### ¿Quién fue la primera persona que rompió la barrera del sonido?

Los aviones caza de la Segunda Guerra Mundial alcanzaban velocidades máximas de 960 kilómetros por hora. Después de la guerra, los motores de propulsión a chorro incrementaron drásticamente la velocidad de los aeroplanos. Hubo quien se preguntó si los pilotos podrían maniobrar o incluso sobrevivir a un vuelo

## Las Noventa y Nueve

En 1929, las más grandes aviadoras de todo el mundo participaron en la Competencia Aérea Femenil, la cual duró ocho días. El 2 de noviembre de 1929, las aviadoras formaron una asociación que se llamó las Noventa y Nueve debido a que éste era el número de mujeres miembros. Amelia Earhart fue la presidenta de la asociación. Las Noventa y Nueve publicaron The 99-er, una revista en la que se describían los logros de las aviadoras y que presentaba los últimos avances en la aeronáutica.

tan rápido. Otros plantearon la hipótesis de que cualquier avión que intentara volar más rápido que la velocidad del sonido, o Mach 1, se estrellaría contra un muro de aire y se haría añicos. El 14 de octubre de 1947, un bombardero B-29 rugió en el cielo sobre los desiertos del sur de California. Dentro del avión se encontraba un jet de 9.5 metros de color naranja brillante que parecía una bala. El *Bell X-1* fue diseñado para resistir las presiones de vuelo superando la velocidad del sonido. El piloto estadounidense Chuck Yeager bajó a la parte interior de la diminuta cabina del piloto y el avión fue liberado a 6 096 metros de altitud. Yeager activó el primer cohete, el cual lo sumió en su asiento. Los demás propulsores se encendieron uno por uno proyectando la velocidad de la aeronave a 0.7 Mach, 0.8 Mach y finalmente al borde de la barrera del sonido. En tierra, los observadores escucharon una gigantesca explosión cuyo eco se extendió a través del desierto. Yeager había roto la barrera del sonido, produciendo el primer estampido supersónico de la historia. El vuelo de Yeager sentó las bases para los jets supersónicos y el programa espacial. Los pilotos ya nunca más se preguntarían que hay del otro lado de la barrera del sonido.

### ¿Qué fue la carrera espacial?

Al terminar la Segunda Guerra Mundial en 1945, Estados Unidos y la Unión de Repúblicas Soviéticas Socialistas (URSS) compitieron por llegar a ser la nación más poderosa del mundo. La rivalidad abarcó muchas áreas: poderío industrial, fuerza militar y logros en las artes y ciencias. El espacio se convirtió en un vasto territorio de pruebas, un lugar en el cual una sociedad podía demos-

## Más rápido que la velocidad del sonido

A la velocidad del sonido se le conoce como Mach 1. Sin embargo, el sonido puede viajar a través de la atmósfera a velocidades variables en diferentes lugares y tiempos, dependiendo de la presión y la temperatura del aire. Experimentos y cálculos realizados en 1986 determinaron que a temperaturas de congelación, en aire seco, el sonido viaja aproximadamente a 1192.4 kilómetros por hora. A una temperatura aproximada de 15.5°C el sonido viaja más rápido, esto es, como a 1222.8 kilómetros por hora. Cuando Chuck Yaeger voló el Bell X-1 y rompió la barrera del sonido, la velocidad del sonido en su área era de 1065.1 kilómetros por hora. Su avión finalmente alcanzó una velocidad Mach 1.06 o cerca de 1126.3 kilómetros por hora.

trar su superioridad sobre la otra. En 1957 los soviéticos lanzaron el *Sputnik I*, el primer satélite fabricado por el hombre que orbitó la Tierra. Los soviéticos habían triunfado y los estadounidenses estaban perplejos. A partir de entonces, las dos naciones dedicaron enormes recursos y potencial humano a fin de lograr hechos inéditos en el espacio. La carrera había comenzado.

### ¿Quién fue la primera persona en el espacio?

El 12 de abril de 1961, un joven cosmonauta ruso llamado Yuri Gagarin abordó una cápsula montada en la punta de un enorme cohete en Baikonur, el centro espacial soviético en la república de Kazajstán. El cohete despegó transportando a Gagarin a donde ningún humano había llegado para después regresar a salvo: el espacio. En su cápsula diminuta, llamada *Vostok* (golondrina), Gagarin se remontó hasta 322 kilómetros sobre la Tierra. Durante unos cuantos minutos se maravilló frente a la belleza de la esfera que yacía abajo. Pero el *Vostok* reingresó pronto a la atmósfera de la Tierra. Gagarin aterrizó a salvo en un campo de papas ubicado en las afueras de la ciudad rusa de Saratov. En un vuelo de 108 minutos, Gagarin había efectuado una órbita alrededor de la Tierra y regresado. Fue una hazaña en verdad sorprendente. El joven Gagarin de 28 años de edad fue proclamado Héroe, Primera Clase, de la Unión Soviética y recibió el reconocimiento del mundo entero. Se cambió el nombre de calles por toda la Unión Soviética en su honor. Gagarin planeaba regresar al espacio, pero murió al estrellarse su avión en 1968.

### ¿Quién fue el mejor?

En 1959, la NASA (siglas en inglés de National Aeronautics and Space Administration, Administración Nacional de Aeronáutica y el Espacio) inició un amplio proceso para seleccionar a los primeros astronautas de Estados Unidos. La dependencia buscó pilotos de aviones a reacción con una experiencia de más de 1500 horas de vuelo. Los astronautas debían tener menos de 40 años, una excelente condición física y una estatura menor de 1.80 metros para que cupieran en una cápsula espacial pequeña. La NASA también quería que fueran egresados universitarios o personas con títulos de ingeniería. Más de 500 solicitantes cumplían con estos requisitos. En abril de 1959, después de varios meses de exhaustivas pruebas físicas y psicológicas, la NASA escogió a siete hombres para que fueran los primeros astronautas estadounidenses: el teniente de la Armada, M. Scott Carpenter; los capitanes de la Fuerza Aérea, L. Gordon Cooper, Jr., Virgil I. "Gus" Grissom y Donald K. "Deke" Slayton; el teniente coronel de la Marina, John H. Glenn, Jr.; y los capitanes de la Armada, Walter M. Schirra, Jr. y Alan B. Shepard, Jr.

## ¿Quién fue John Glenn?

Cuando Gagarin orbitó la Tierra, la NASA se vio obligada a adelantar sus propios planes para llevar hombres al espacio. Dos astronautas estadounidenses, Alan Shepard y Virgil Grissom, transportaron cohetes a la atmósfera y regresaron a salvo. Pero ninguno de ellos efectuó una órbita alrededor de la Tierra. La NASA eligió a John Glenn para esa misión. El 20 de febrero de 1962, Glenn abordó en Cabo Cañaveral, Florida, el *Friendship 7*, una pequeña cápsula en el extremo de un altísimo cohete Atlas. En una ráfaga de luz abrasadora, los motores del cohete impulsaron a Glenn y al *Friendship 7* hacia la atmósfera. En un vuelo que duró cinco horas, Glenn le dio la vuelta al mundo tres veces. Cuando pasó por la ciudad de Perth, Australia, en la noche la gente encendió sus luces para saludarlo. Aunque el sistema de dirección falló, Glenn guió la nave de regreso a la atmósfera y amarizó a salvo en el Océano Atlántico, al norte de Puerto Rico. Glenn fue un héroe nacional. En 1974 fue senador por el estado de Ohio y contendió en las elecciones presidenciales diez años después. En 1998, a los 77 años de edad, regresó al espacio por primera vez en más de 30 años cuando voló en el transbordador espacial para participar en una serie de experimentos acerca de los vuelos espaciales y las personas de la tercera edad.

## ¿Quién fue la primera mujer en el espacio?

En 1961, la Unión Soviética aceptó a la joven Valentina Tereshkova de 24 años de edad en el programa de entrenamiento de cosmonautas. Tereshkova, quien había realizado más de 126 saltos en paracaídas, se entrenó durante dos años. Aunque ella no estaba tan bien entrenada como otras pilotos soviéticas, fue aceptada debido a que el líder soviético, Nikita Kruschev, deseaba que participara una trabajadora común y corriente. Tereshkova no tenía una buena educación formal, pero había estudiado con ahínco y pudo pasar las agotadoras pruebas de resistencia física. El 16 de junio de 1963, Tereshkova, la primera mujer que viajó al espacio, fue transportada a la órbita de la Tierra a bordo del *Vostok 6*. "Veo el horizonte", dijo por radio, "una banda azul, azul claro. Esto es la Tierra. Qué hermosa es. Todo va bien." En tres días, Tereshkova le dio la vuelta al globo 48 veces, recorriendo en total 2 019 295 kilómetros. Regresó sin novedad a la Tierra, y fue condecorada como heroína de la Unión Soviética y recibió la Orden de Lenin.

El astronauta Neil Armstrong tomó esta fotografía de su compañero Edwin Aldrin, Jr., y la bandera de Estados Unidos durante el primer alunizaje del hombre el 20 de julio de 1969. A la izquierda puede observarse el módulo lunar *Eagle*, que transportó a los astronautas a la superficie. Armstrong y Aldrin pasaron 21 horas y 37 minutos en la Luna tomando fotografías, recolectando muestras e instalando equipo científico.

### ¿Quién fue Neil Armstrong?

Neil Armstrong inició un romance con los aeroplanos y el vuelo cuando apenas era un niño en Ohio, Estados Unidos. Obtuvo su licencia de piloto antes de obtener su diploma de preparatoria. Posteriormente, realizó 78 misiones de combate como piloto de un caza durante la guerra de Corea. Después de la guerra, Armstrong obtuvo su título de ingeniero aeronáutico e ingresó al National Advisory Committee of Aeronautics (Comité Consultivo Nacional de Aeronáutica) que se transformaría en la National Aeronautics and Space Administration (NASA). Como piloto de pruebas, Armstrong voló el avión X-15 propulsado por cohete que alcanzaba velocidades de 6 436 kph y alturas de 64 kilómetros sobre la superficie de la Tierra. En 1962, Armstrong fue seleccionado para convertirse en astronauta. En 1966 voló en su primera misión en el espacio en la nave *Géminis 8*.

### ¿Quién fue el primer hombre que pisó la Luna?

Para su siguiente misión, Armstrong fue seleccionado para dirigir el Apolo 11, el primer intento de la NASA para alunizar. Durante años, la agencia espacial había enviado naves no tripuladas al espacio exterior para orbitar la Luna. Esta vez, su propósito era realizar la hazaña que los seres humanos habían soñado durante miles de años: llegar a la Luna.

El 16 de julio de 1969, el potente cohete *Saturno V* retumbó estrepitosamente al despegar de la plataforma de lanzamiento en Cabo Cañaveral, Florida, llevando a Neil Armstrong, Michael Collins y Edwin "Buzz" Aldrin al espacio. Tres días después, la nave espacial comando, llamada *Columbia,* y la nave de alunizaje, *Eagle*, entraron en la órbita de la Luna. Después de otros tres días, Armstrong y Aldrin maniobraron la pequeña *Eagle* para posarla sobre la gris superficie lunar, mientras Collins permanecía a

## Los peligros del espacio

La exploración del espacio ha cobrado la vida de 15 hombres y mujeres. El 27 de enero de 1967, tres astronautas estadounidenses, Virgil Grissom, Edward White II y Roger Chaffee, se sujetaron los cinturones de seguridad dentro de una cápsula montada en la punta de un cohete para realizar un simulacro de despegue. A las 6:31 p.m., una voz frenética gritó que se había iniciado un incendio en la cápsula. El fuego se extendió en segundos, alimentado por el oxígeno altamente inflamable que se bombeaba a la cápsula. El calor era tan intenso que el personal encargado de apagar el fuego tardó cinco minutos en abrir la cápsula. Pero para entonces los tres astronautas estaban muertos.

Otro desastre espacial de enormes dimensiones ocurrió en 1986 en el transbordador espacial *Challenger*, lanzado por Estados Unidos. Una vez que retumbaron los cohetes, el transbordador se elevó 14.5 kilómetros en la atmósfera. Pero a los 73 segundos de vuelo, una explosión devastadora despedazó el transbordador y lo precipitó a tierra. En una investigación posterior se encontró que habían fallado los sellos de goma sintética ubicados entre las secciones del tanque de oxígeno. Se había derramado combustible ardiente a través de la abertura, provocando la explosión. Murieron siete astronautas, entre los que estaba la primera civil, Christa McAuliffe, elegida para un vuelo.

La Unión Soviética también sufrió accidentes. En 1967, Vladimir Komarov despegó al espacio, pero la nave de pronto se precipitó a tierra dando volteretas que provocaron que los paracaídas se enredaran. Cuando Komarov se dirigía a gran velocidad hacia la Tierra, los paracaídas no abrieron y la nave se impactó contra el suelo matándolo. En otro desastre, tres cosmonautas soviéticos completaron 23 días de experimentos en el espacio en 1971. Cuando aterrizaron, una compuerta defectuosa explotó y se abrió. La súbita descompresión mató a los tres de manera instantánea.

*El 26 de noviembre de 1985 Rodolfo Neri Vela se convirtió en el primer mexicano que realizó un viaje espacial que duró 7 días, a bordo del Atlantis, un transbordador de la NASA.*

bordo del *Columbia*. Millones de personas vieron en televisión cuando Armstrong abría la puerta exterior del *Eagle* y bajaba por la escalera, con el cuerpo tieso dentro de su voluminoso traje espacial. Sus botas pisaron el polvo suave, dejando una huella que fue vista en todo el mundo. Armstrong dijo: "Este es un pequeño paso para el hombre, [pero es] un salto gigante para la humanidad". Durante las dos y media horas siguientes, Armstrong y Aldrin trotaron sobre la superficie lunar, colocaron una bandera estadounidense e instrumentos científicos para hacer mediciones en el ambiente del satélite. Volvieron al *Columbia*, reingresaron a la atmósfera de la Tierra y amarizaron a salvo el 24 de julio de 1969.

### ¿Quién fue la primera mujer estadounidense en el espacio?

En 1977, una mujer de 26 años llamada Sally Ride leyó un anuncio que decía que la NASA buscaba científicos jóvenes para trabajar en el transbordador espacial. Ride se había graduado en la Universidad de Stanford en 1972 con un título en física e inglés y estaba preparándose para obtener su título de doctorado. Hasta ese momento, la NASA se había apoyado en pilotos militares para dotar de personal a su programa espacial, pero entonces necesitaba especialistas para trabajar a bordo del nuevo transbordador espacial. Hubo más de 8 mil solicitudes, de las cuales mil eran de mujeres. Ride fue seleccionada para formar parte de un grupo de 35 nuevos astronautas y pronto comenzó su entrenamiento para obtener su licencia de piloto. El 18 de junio de 1983, Ride se convirtió en la primera mujer estadounidense en el espacio. Como especialista de la misión a bordo del *Challenger*, Ride probó un brazo mecánico en el espacio que fue diseñado para liberar y recuperar satélites. También se desempeñó como ingeniera de vuelo, asistiendo al piloto durante el despegue y el reingreso. Ella comentó: "Lo que más recuerdo acerca del vuelo es que fue divertido. De hecho, estoy segura de que nunca me he divertido tanto en mi vida".

### ¿Quiénes fueron Dick Rutan y Jeana Yeager?

Dick Rutan y Jeana Yeager se conocieron en un espectáculo aéreo en Chino, California, al final de la década de 1970. Ambos eran pilotos experimentados. Rutan había comenzado a tomar clases de vuelo cuando tenía 15 años y había obtenido su licencia de piloto un año más tarde. Después sirvió como navegante y piloto de combate en la Fuerza Aérea durante la guerra de Vietnam. Después de dejar la Fuerza Aérea, se convirtió en piloto de pruebas para su hermano Burt, un diseñador de aeroplanos. Yeager obtuvo su licencia de piloto en 1978 y también se convirtió en

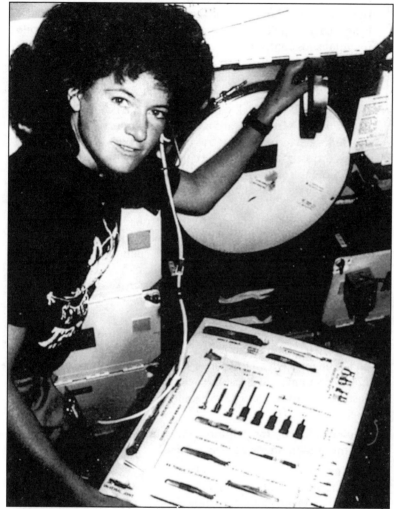

Sally Ride trabaja e la atmósfera ingrá-vida del transbor-dador espacial. Ride, la primera mujer estadouni-dense en el espa-cio, fue elegida po la NASA entre un total de 8 000 soli-citantes.

piloto de pruebas para la Compañía Rutan. En 1981 Yeager y los hermanos Burt y Dick Rutan almorzaron juntos para hablar sobre la posibilidad de construir un avión que pudiera volar alrededor del mundo sin detenerse ni recargar combustible. Durante las cinco semanas siguientes, Burt trazó diseños para la aeronave mientras que Yeager y Dick reunían dinero para construirla. Le pusieron al aeroplano el nombre de *Voyager*.

### ¿Cómo volaron Rutan y Yeager en el *Voyager* alrededor del mundo sin hacer escalas?

Burt diseñó el *Voyager* en forma de H, con el ala principal en la parte trasera. El ala, de 33.8 metros, era más grande que la envergadura de un avión comercial de 727 pasajeros. Burt utilizó materiales ligeros hechos de resinas epóxicas y motores que impulsaban la aeronave a 130 kilómetros por hora. Mientras uno de los pilotos guiaba los controles, el otro descansaba en un cabina estrecha de 90 centímetros de ancho. En julio de 1986, Dick y Jeana volaron el avión de arriba abajo de la costa de California durante cuatro días y medio, recorriendo 17 700 kilómetros. El 14 de diciembre de 1986, Dick y Jeana despegaron de la Base Edwards de la Fuerza Aérea en California para cumplir su sueño de volar alrededor del mundo. Mientras uno de los pilotos dormía durante dos o tres horas seguidas y comía alimentos precocinados, el otro piloteaba el *Voyager* hacia el Pacífico. Cerca de las Filipinas entraron en un tifón que golpeó al avión y lo propulsó a 237 kilómetros por hora. Fueron alcanzados por más tormentas cuando volaban sobre India, las cuales sacudieron al avión con tal fuerza que Yeager quedó bastante maltrecho. En la costa de África estuvieron a punto de sufrir un desastre cuando Dick perdió momentáneamente el control de la aeronave. Yeager guió el avión en la oscuridad cuando volaban sobre América Central. El 23 de diciembre de 1986, Dick aterrizó el avión en la Base Edwards de la Fuerza Aérea, un día antes de lo planeado. Lo habían logrado. Le habían dado la vuelta al mundo en nueve días sin detenerse y sin recargar combustible. El presidente Ronald Reagan les otorgó a Yeager y Dick la Medalla Presidencial del Ciudadano y el *Voyager* se envió al Museo Nacional del Aire y el Espacio del Instituto Smithsoniano en Washington, D.C.

### ¿Quiénes fueron los primeros en volar sin escalas alrededor del mundo en un globo aerostático?

Por increíble que parezca, todavía en la década de 1990, nadie había reclamado el premio por ser el primero en volar alrededor del mundo en un globo aerostático. La "Gran Carrera de los Globos", como se le llamó, atrajo a aviadores y aventureros con recursos. Varias tripulaciones intentaron romper el récord en la década de 1990. Uno de ellos amarizó en el Océano Pacífico cerca de Hawai después de quedarse sin combustible. Otro terminó empapado por las tormentas y se vio obligado a descender cerca de Japón. Nadie recibió lesiones serias durante estos viajes, pero otros no fueron tan afortunados. En 1995, dos aeronautas murieron cuando fueron derribados a tiros al volar sobre Bielorrusia en Asia. Los oficiales bielorrusos creyeron que los dos hombres estaban en una misión de espionaje.

En marzo de 1999 un suizo llamado Bertrand Piccard y su compañero Brian Jones, de Gran Bretaña, despegaron de Suiza. Su globo aerostático no se parecía a los globos de aire caliente tradicionales. En cambio, los dos hombres viajaron en una cápsula presurizada llamada *Breitling Orbiter 3*. La cápsula los protegía mientras que el globo los transportaba a 10 973 metros de altitud. Dentro del globo había secciones que contenían gas helio y otro compartimento que podía ser llenado con aire caliente. Al calentar el aire y soltar lastre, Piccard y Jones podían controlar su altitud y buscar corrientes de aire que los llevaran en la dirección correcta. El viento arrastró el globo a una velocidad promedio de 209 kilómetros por hora a través del sur de Europa, el norte de África, el sureste de Asia, el Océano Pacífico, América Central y finalmente a través del Atlántico y de África. El viaje fue peligroso. En la noche, el agua se congelaba en la cápsula y Piccard desprendía el hielo que se adhería al globo y que amenazaba con hacerlos descender. El 20 de marzo, el globo pasó por Mauritania, muy al sur de Suiza pero en la misma línea de longitud —en donde habían comenzado el viaje— y los dos hombres celebraron. Con una intención dramática, trataron de aterrizar triunfantes su aeronave cerca de las pirámides de Egipto, pero los fuertes vientos los obligaron a aterrizar en las arenas del desierto del Sahara cerca de una aldea apartada. Piccard y Jones estaban exhaustos. La pareja se había mantenido en las alturas durante 19 días, 21 horas y 55 minutos y había recorrido una distancia de 46 750 kilómetros. Esa distancia rompió un récord de resistencia y les permitió ganar un premio de un millón de dólares que les otorgó la compañía Anheuser-Busch.

# GLOSARIO

**Astrolabio:**   instrumento utilizado para medir el ángulo de los cuerpos celestes, por ejemplo, la Luna, el Sol y las estrellas.

**Barrera del sonido:**   resistencia al avance de un avión de propulsión a chorro cuando éste se aproxima a la velocidad del sonido. Algunos pensaban que ningún avión podría volar rebasando la barrera del sonido, o Mach 1.

**Batiesfera:**   aparato utilizado para explorar las profundidades del mar.

**Botánica:**   ciencia de la vida vegetal.

**Brújula:**   instrumento de navegación que apunta al norte magnético.

**Budismo:**   religión que se originó en India y Asia Oriental. El budismo enseña a sus seguidores a buscar la iluminación a través de la negación de los placeres terrenales.

**Cápsula:**   pequeña cabina sellada diseñada para volar por encima de la atmósfera.

**Carabela:**   barco utilizado en el siglo XV que consta de dos mástiles grandes y velas triangulares. Colón navegó en una carabela.

**Circunnavegar:**   dar la vuelta completa al mundo o a una isla en barco.

**Conquistador:**   español o portugués que conquistó México y América del Sur en los siglos XV, XVI y XVII.

**Coral:**   especie marina que secreta una estructura calcárea dura, por lo general se forma en aguas oceánicas poco profundas y cálidas. Los corales pueden constituirse en arrecifes que se extienden por cientos de kilómetros.

**Cosmonauta:**   astronauta ruso.

*Curragh***:**   bote hecho con pieles de animales.

**Envergadura:**   longitud de un ala o alero de extremo a extremo.

**Escorbuto:**   enfermedad causada por falta de vitamina C y que provoca el sangrado y oscurecimiento de las encías. Se presentaba especialmente entre los marineros durante los viajes largos efectuados en los siglos XV y XVI.

**Factoría:**   tienda fronteriza donde indios, colonizadores y cazadores de pieles podían intercambiar bienes.

**Globo aerostático:**   aeronave en forma de globo grande hecho de seda o plástico. Vuela cuando el globo se llena con gases más ligeros que el aire.

**Guía explorador:**   persona que abandona todos los caminos y crea una nueva ruta.

**Longitud:**   medición, marcada en grados, que corre de este a oeste y cuyo punto de inicio está en Greenwich, Inglaterra.

**Match 1:**   la velocidad del sonido.

**Meteorólogos:**   científicos que estudian el tiempo atmosférico y los patrones del clima.

**Monarca:**   gobernante único de un país, como un rey, una reina o un emperador.

**Motín:**   rebelión contra oficiales y la autoridad, normalmente en un barco en alta mar.

**Nao:**   barco utilizado en los siglos XVI y XVII que tenía tres mástiles grandes y velas cuadradas. Magallanes navegó en una nao.

**Naturalista:**   término antiguo. Persona dedicada al estudio de las ciencias naturales y que veía en la naturaleza el origen de todas las cosas.

**Norte magnético:**   la dirección a la que apunta una brújula. El norte magnético no se alinea de manera precisa con el Polo Norte.

**Paso del Noroeste:**   canal que atraviesa América del Norte hasta el Océano Pacífico. Los exploradores lo buscaron durante los siglos XVII y XVIII pero no existe.

**Planeador:**   aeronave sin motor que vuela sobre corrientes de aire.

**Plexiglás:**   uno de los plásticos más populares desarrollados en la década de 1930, de propiedades ópticas excelentes.

**Rápidos:**   lugar de un río donde el agua desciende a gran velocidad, normalmente por rocas erosionadas.

*Ricksha*:   silla con dos ruedas y tirada por un hombre. Vehículo de alquiler muy popular en China y otros países asiáticos.

**Sampán:**   literalmente "tres tablas". Embarcación rústica china sin quilla. Se utiliza para pescar, transportar mercancías, viajeros o, también, como una vivienda.

**Sonda:**   hueco en el hielo ártico ocasionado por las corrientes oceánicas.

**Viruela:**   enfermedad mortal causada por un virus que a menudo dejaba cicatrices severas en la piel.

# BIBLIOGRAFÍA

Allen, Oliver E., *The Seafarers: The Pacific Navigators,* Alexandria, VA. Time-Life Books.

Boorstin, Daniel, J., *The Discoverers: The History of Man's Search to Know His World and Himself,* Nueva York, Random House.

Boyne, Walter J., *The Smithsonian Book of Flight,* Washington, D.C., Smithsonian Books.

Davis, Lee, *Man-Made Catastrophes: From the Burning of Rome to the Lockerbie Crash,* Nueva York, Facts on File.

Debenham, Frank, *Discovery and Exploration: An Atlas History,* Garden City, Doubleday.

Diamond, Jared, *Guns, Germs, and Steel,* Nueva York, W.W. Norton.

East, W. Gordon, *The Geography Behind History,* Nueva York, W.W. Norton.

Goodman, Edward J., *The Explorers of South America,* Nueva York, Macmillan.

Hanbury-Tenison, Robin, *The Oxford Book of Exploration*, Nueva York, Oxford University Press.

Heacox, Kim, *Shackleton: The Antarctic Challenge,* Washington, D.C., National Geographic Society.

Hibbert, Christopher, *Africa Explored: Europeans in the Dark Continent 1769-1889,* Nueva York, W.W. Norton.

Hochschild, Adam, *King Leopold's Ghost,* Nueva York, Houghton Mifflin.

Hornblower, Simon y Anthony Spawforth, *The Oxford Companion to Classical Civilization,* Oxford, Oxford University Press.

Humble, Richard, *The Seafarers: The Explorers,* Alexandria, VA, Time-Life Books.

Konstam, Angus, *Historical Atlas of Exploration: 1492-1600,* Nueva York, Checkmark, Books.

Krakauer, Jon, *Into Thin Air: A Personnal Account of the Mt. Everest Disaster,* Nueva York, Doubleday.

Lacey, Peter, ed., *Reader's Digest Great Adventures That Changed Our World,* Pleasantville, Nueva York, Reader's Digest, Inc.

Lewis, Richard S., *Appointment to the Moon: The Inside Story of America's Space Venture,* Nueva York, Viking.

Middleton, Dorothy, *Victorian Lady Travellers,* Nueva York, Dutton.

Olds, Elizabeth Fagg, *Women of the Four Winds,* Boston, Houghton Mufflin.

Palmer, Robert Roswell y Joel Colton, *A History of the Modern World,* Nueva York, McGraw-Hill.

Phelps, J. Alfred, *They Had a Dream: The Story of African-American Astronauts,* Novato, CA, Presidio Press.

Prescott, Jerome, *100 Explorers Who Shaped World History,* San Mateo, CA, Bluewood Books.

Rabinowitz, Harold, *Conquer the Sky: Great Moments in Aviation,* Nueva York: Metro Books.

Rasky, Frank, *The North Pole or Bust,* Nueva York, McGraw-Hill Ryerson Limited.

Riverain, Jean, *Concise Encyclopedia of Explorations,* Chicago, Follett.

Scott, Phil, *The Shoulders of Giants, A History of Human Flight to 1919,* Nueva York, Addison-Wesley.

Sobel, Dava, *Longitude, The True History of the Lone Genius Who Solved the Greatest Scientific Problem of His Time,* Nueva York, Penguin Books USA.

Spufford, Francis, *I May Be Some Time, Ice and the English Imagination,* Nueva York, Picador USA.

Stefoff, Rebecca, *Women of the World, Woman Travelers and Explorers,* Nueva York, Oxford University Press.

Wilcox, Desmond, *Ten Who Dared,* Boston, Little, Brown.

Wright, Louis B., *Gold, Glory and the Gospel,* Nueva York, Atheneum.

Wright, Louis B. y Elaine Fowler, eds., *The Moving Frontier, North America Seen Through the Eyes of Its Pioneer Discoverers,* Nueva York, Delacorte.

— *West and by North, North America Seen Through the Eyes of Its Seafaring Discoverers,* Nueva York, Delacorte Press.

# LECTURAS RECOMENDADAS

Los textos en este libro son una muestra muy pequeña de las hazañas logradas por hombres y mujeres en la conquista de los mares, tierras nuevas, las alturas y el espacio. Para que conozcas y disfrutes más con los grandes aventureros, te recomendamos visitar la librería o la  biblioteca y buscar lecturas para niños con los siguientes temas:

- Barcos y navegantes de la antigüedad
- Expediciones al Everest y otras montañas
- Exploraciones al Ártico y a la Antártida
- Grandes navegantes
- Grandes viajeros
- Grandes viajes y expediciones
- Historia de la cartografía
- La conquista del espacio
- La edad de la exploración
- Misiones espaciales
- Naufragios
- Piratas de la antigüedad
- Viajes de Colón
- Viajes de Magallanes
- Viajes de Marco Polo

# ÍNDICE

LA EDICIÓN, COMPOSICIÓN, DISEÑO E IMPRESIÓN DE ESTA OBRA FUERON REALIZADOS
BAJO LA SUPERVISIÓN DE GRUPO NORIEGA EDITORES
BALDERAS 95, COL. CENTRO. MÉXICO, D.F. C.P. 06040
2200400000803518DP9200IE

# CRÉDITOS DE
# FOTOGRAFÍAS